职业教育新能源汽车专业"十四五"系列教材

U0616533

汽车电气设备维修一体化教程

主编　曾嘉　魏倩

西南交通大学出版社
·成　都·

图书在版编目（CIP）数据

汽车电气设备维修一体化教程 / 曾嘉，魏倩主编.
成都：西南交通大学出版社，2024. 8. -- ISBN 978-7
-5774-0061-7

Ⅰ. U472.41
中国国家版本馆 CIP 数据核字第 20247JE583 号

Qiche Dianqi Shebei Weixiu Yitihua Jiaocheng
汽车电气设备维修一体化教程

主 编 / 曾 嘉 魏 倩

策划编辑 / 黄庆斌
责任编辑 / 赵永铭
封面设计 / GT 工作室

西南交通大学出版社出版发行

（四川省成都市金牛区二环路北一段 111 号西南交通大学创新大厦 21 楼 610031）
营销部电话：028-87600564 028-87600533
网址：http://www.xnjdcbs.com
印刷：四川玖艺呈现印刷有限公司

成品尺寸 185 mm×260 mm
印张 11.5 字数 258 千
版次 2024 年 8 月第 1 版 印次 2024 年 8 月第 1 次

书号 ISBN 978-7-5774-0061-7
定价 39.80 元

前　言 PREFACE

在当今这个飞速发展的时代，汽车已不仅仅是代步工具，它融合了先进的电子技术、信息技术与传统机械技术，变得越来越智能。随着电动汽车和混合动力汽车的兴起，汽车电气系统的复杂性和重要性日益凸显，这对汽车维修技术人员的专业能力提出了更高要求。《汽车电气设备维修一体化教程》正是在这样的背景下应运而生，旨在为汽车维修领域的教育与培训提供一套全面、系统、实用的教学资源。

本书围绕汽车电气维修的核心领域，精心设计了四大学习任务：电子控制电路检测与维修、起动与充电系统检测维修、电器与控制部件检测维修、空调与舒适系统检测维修，每个学习任务下又细分为 2～4 个学习活动，共计 12 个学习活动，以确保学习者能够通过理论结合实践，深入理解并掌握汽车电气维修的关键技能。

电子控制电路检测与维修部分，我们将从汽车电子控制系统的原理入手，逐步深入到故障诊断与维修技巧，帮助读者建立扎实的电子控制系统分析基础。

起动与充电系统检测维修章节，将详细解析现代汽车起动与充电系统的构造、工作原理，以及如何运用专业工具进行高效检测与维修，确保车辆电力供应的稳定性与可靠性。

电器与控制部件检测维修部分，则聚焦于车灯、仪表盘、电动车窗等常见电器部件及其控制系统的故障排查与维护，提升学习者解决实际问题的能力。

空调与舒适系统检测维修部分，针对日益受到重视的车内环境舒适度，介绍空调系统的工作原理、常见故障及维修策略维护知识。

在本书编写过程中，我们力求语言通俗易懂，图文并茂，理论与案例紧密结合，既适合职业院校汽车维修相关专业的学生作为教材使用，也适合作为汽车维修技师、爱好者的自学参考资料。我们希望，《汽车电气维修一体化教程》能成为每一位汽车电气维修领域探索者不可或缺的伙伴，助力每一位学习者在汽车电气维修的道路上稳健前行，成就卓越。

本书由成都市技师学院的教师团队共同完成。其中，学习任务一的学习活动 1、学习活动 2 由邓鑫老师编写，学习任务二的学习活动 1、学习活动 2 由魏倩老师编写，学习任务二的学习活动 3、学习活动 4 由秦海越老师编写，学习任务三的学习活动 1、学习任务四的学习活动 1 由曾嘉老师编写，学习任务三的学习活动 2、学习活动 4 由李飞老师编写，学习任务四的学习活动 3、学习活动 4 由郑燮理老师编写。

在此，衷心感谢所有参与本书编写的专家、教师以及技术人员的辛勤付出，同时也期待广大读者的宝贵意见和反馈，以便我们不断改进，持续提升教学质量与学习体验。

编　者

2024 年 5 月

目 录 CONTENTS

学习任务一　电子控制电路检测与维修

工作情景

在一个热闹非凡的周六上午，汽车维修培训中心内，资深讲师兼高级技师赵师傅正引领着新一批学徒开展实践活动。这时，一辆大众帕萨特轿车被车主开进车间，车主面带焦虑地向赵师傅反映车辆的启动问题："赵师傅，我的这台帕萨特最近一早冷启动时总是表现乏力，有时候启动机像是没力气一样转不起来，发动机根本发动不了，我想会不会是启动马达或者是电路控制系统出了什么故障？"

赵师傅凭借自身数十年的从业经验和扎实的汽车电子知识底蕴，一边耐心倾听车主的详细陈述，一边引导在场的学员们认真记录故障现象。他现场指导学员们检查车辆的仪表盘，发现并没有明显的故障指示灯亮起，初步判断此问题极有可能涉及起动机及其相关电子控制回路。

任务描述

按照专业水平对汽车点火动力系统进行拆装，对主要零部件进行检测，针对检测的结果和有关现象，调整或更换相关零部件，检查汽车动力点火系统电子控制状态。

工作流程与活动

（1）动力电控波形检测（12 学时）；
（2）车身电控波形检测（12 学时）。

学习活动 1 动力电控波形检测

【学习目标】

（1）了解点火系统的结构；

（2）了解点火系统特点；

（3）能熟练检测各个零部件；

（4）会选用示波器；

（5）能熟练使用示波器；

（6）能正确分析电路图；

（7）能正确测出点火波形图。

动力电控波形检测

【建议学时】

12 学时。

【学习准备】

汽车灯光相关资料、维修手册、万用表等。

【学习信息收集】

汽油发动机正常工作的三要素：良好的可燃混合气、很高的压缩压力、正确的点火正时和强烈的火花。点火系统中所产生的强烈的火花在最佳点火正时点燃可燃混合气。点火系统通过点火线圈产生的高电压来产生火花，点燃已经被压缩的可燃混合气。可燃混合气在气缸内被压缩、点燃并燃烧，从而产生发动机的推动力。

一、点火系统的作用与要求

1. 点火系统的作用

发动机点火系统是一个由多个部件组成的复杂系统（见图 1-1-1），其主要作用是在发动机运转时，通过产生高压电火花来点燃气缸内的混合气体。这个过程发生在每个气缸的压缩行程末期，当活塞达到上止点时。点火系统的精确性和可靠性对于发动机的性能、燃油经济性和排放控制至关重要。如果点火系统出现故障，可能导致发动机启动困难、运行不平稳，功率下降，甚至发动机损坏。

2. 对点火系统的要求

（1）强烈的火花。

在点火系统中强烈的火花应产生于火花塞电极之间，以便于点燃可燃混合气。因为存在空气电阻，这个电阻随空气压缩程度的增高而增大，点火系统必须要产生几万伏的高电压才能保证产生强烈的火花去点燃可燃混合气。

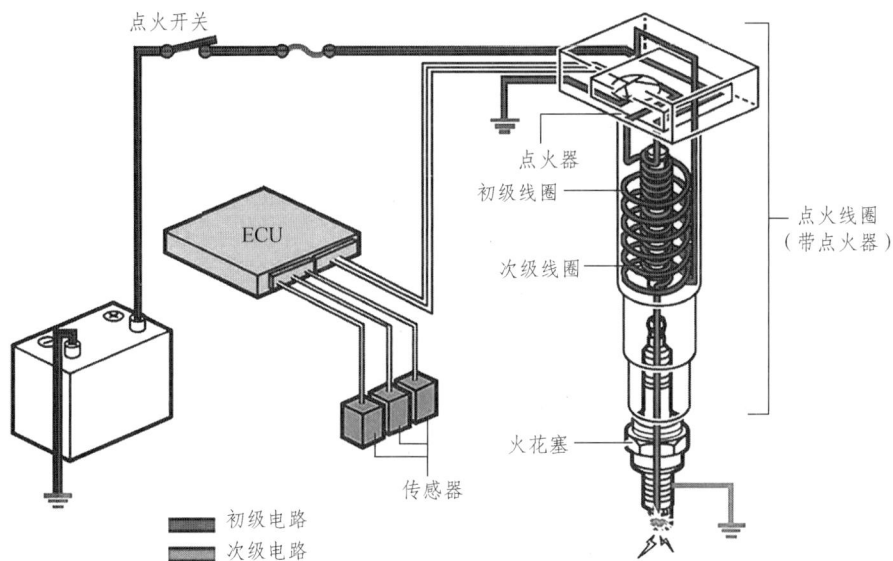

图 1-1-1　发动机点火系统

由于自感和互感，点火线圈产生点火所必需的高电压。初级线圈产生几百伏的电压，次级线圈产生几万伏的电压。

（2）正确的点火正时。

点火系统必须始终根据发动机的转速和载荷的变化提供正确的点火正时。

（3）零部件的耐用性。

点火系统中的火花塞和点火线圈须具备足够的可靠性，以经得住发动机产生的振动和高温。

二、点火系统的工作过程

1. 高压产生

（1）点火线圈工作。

点火线圈可产生足以在火花塞电极间引燃火花的高电压。初级线圈和次级线圈都环绕在铁芯上。次级线圈的匝数大约是初级线圈的 100 倍。初级线圈的一端连接在点火器上，次级线圈的一端连接在火花塞上。两个线圈各自的另一端则连接在蓄电池上。如图 1-1-2 所示。

（2）流往初级线圈的电流。

当发动机运转时，根据发动机电子控制单元（ECU）输出的点火正时信号（IGT），蓄电池的电流通过点火器流到初级线圈，如图 1-1-3 所示。结果，在线圈周围产生磁力线，此线圈在中心包含一个磁芯。

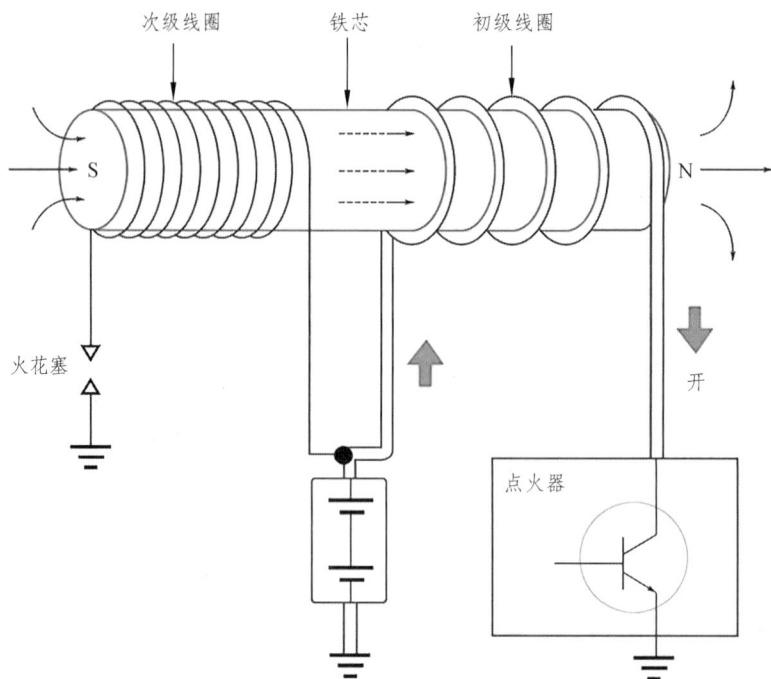

图 1-1-2　点火线圈工作示意

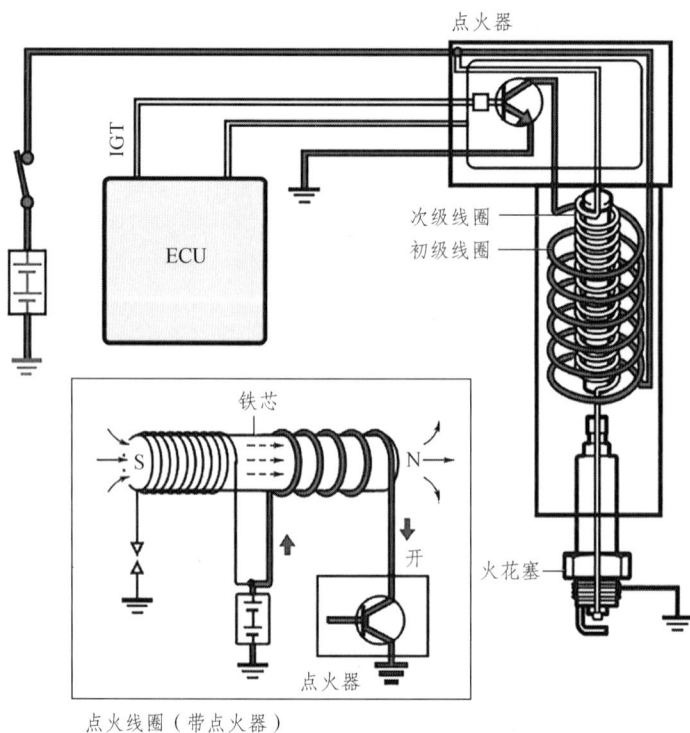

图 1-1-3　初级线圈电流流动示意

（3）电流停止流往初级线圈。

当发动机继续运转时，点火器按发动机电子控制单元（ECU）输出的点火正时信号（IGT）快速地停止流往初级线圈的电流，其结果是初级线圈的磁通量开始减小，如图 1-1-4 所示。因此，通过初级线圈的自感和次级线圈的互感，在阻止现存磁通量衰减的方向上产生电动势（EMF）。自感效应产生约为 500 V 的电动势，而与其相伴的次级线圈互感效应产生约为 30 kV 高压电动势，这样火花塞就产生火花放电。初级电流切断越迅速，以及初级电流值越大，则相应的次级电压就越高。

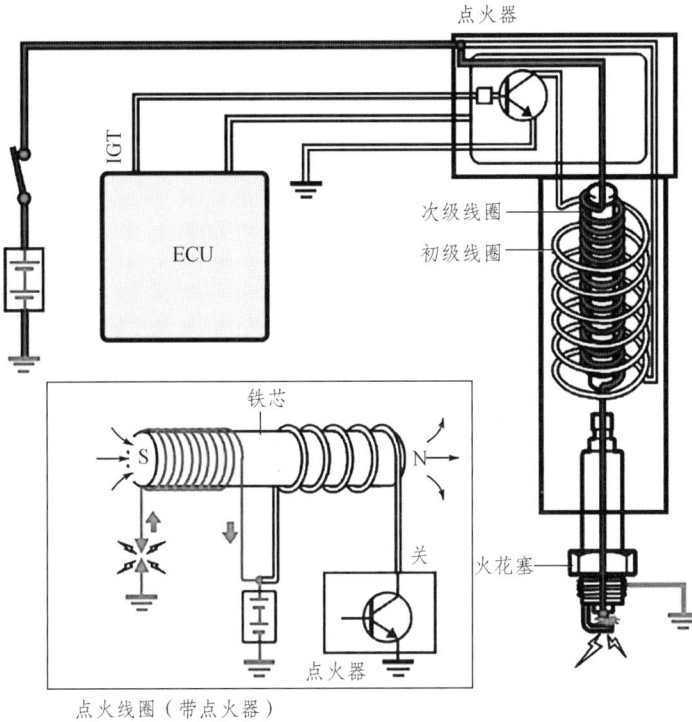

图 1-1-4　初级线圈电流停止示意

2. 点火原理

点火线圈次级绕组产生的高电压在火花塞的中心电极和接地电极之间产生火花，点燃气缸中的已压缩的可燃混合气。火花塞上产生的火花点燃空气-燃油混合气，汽车维修工作中通常将这一过程称为燃烧。

火花穿过可燃混合气从中心电极到接地电极点火原理，可燃混合气沿着火花的路径被触发，产生化学反应（通过氧化作用），同时产生热量，形成火焰中心，如图 1-1-5（a）所示。

火焰中心触发周围的可燃混合气，火焰中心的热量向外扩展（称为火焰传播），点燃可燃混合气，如图 1-1-5（b）所示。如果火花塞电极的温度太低或电极的间隙太小，电极将吸收火花产生的热量，导致火焰中心熄灭，这种现象称为"电极猝熄"。电极越小，猝熄作用越小；电极形状越接近方形，越容易放电。

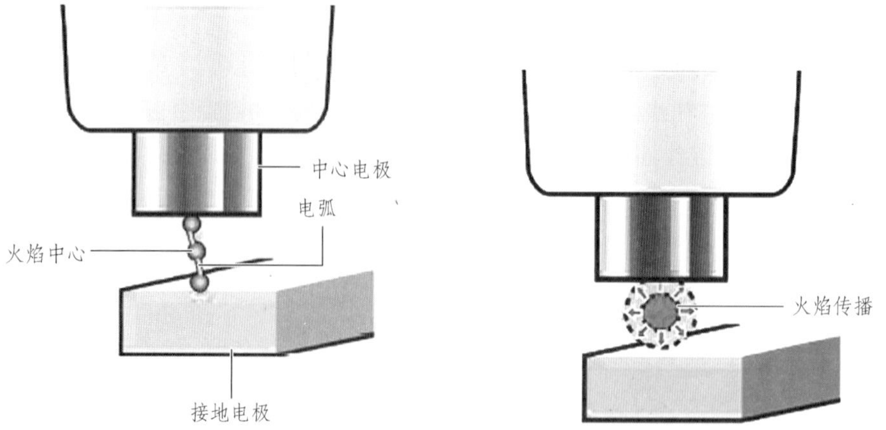

（a）火焰中心   （b）火焰传播

图 1-1-5 点火原理

3. 点火性能

（1）电极形状和放电性能。

圆形电极会使放电困难，方形或尖形电极可使放电较容易。火花塞经过长时间使用，电极成了圆形之后，会使放电困难，因此火花塞应定期更换。火花塞的电极越细越尖，越容易产生火花。但是，那样的火花塞耗损较快，使用寿命较短。因此，有些火花塞电极上带白金或铱金，耐耗损，通常称为白金或铱金电极火花塞。

（2）火花塞间隙和击穿电压。

当火花塞耗损后，电极间隙变大，发动机可能会缺火。中心电极和接地电极间隙增大后，使得火花跳过电极非常困难，因此需要更高的电压来产生火花，所以每隔一定的里程必须调整火花塞电极间隙或更换火花塞。

（3）自洁温度。

当火花塞达到一定温度后，它能烧掉聚集在点火区域内的积炭，以保持点火区域的清洁，此温度称为自洁温度。火花塞的自洁作用发生在电极温度在 450 ℃ 以上时，如果尚未达到自洁温度，意味着电极温度低于 450 ℃，积炭会聚集在点火区域，这将导致火花塞缺火。

（4）自燃温度。

如果火花塞自身成为热源，不用火花就点燃了空气-燃油混合气，此时的温度称为自燃温度。当火花塞电极温度达到 950 ℃ 时会发生自燃。如果发生这种现象，由于不正确的点火正时，会导致发动机功率下降，同时火花塞电极或活塞可能会熔化。

三、汽车检测示波器

示波器的刷新速度非常快，超过每秒百万次，能在极短的时间内采集多个电压数值，并将其绘制成曲线，以图像的形式呈现出来，让维修人员能够直观地看到信号是如何变化的。

1. 按照工作原理分类

（1）模拟示波器。

模拟示波器是最早出现的一种示波器，它利用电子管或晶体管放大电信号，并通过光电转换将信号转换成可见光信号如图 1-1-6 所示。由于其工作原理类似于电视机，因此也被称为"示像管式"示波器。模拟示波器具有响应速度快、分辨率高等优点，但由于其结构复杂，价格昂贵，逐渐被数字示波器所取代。

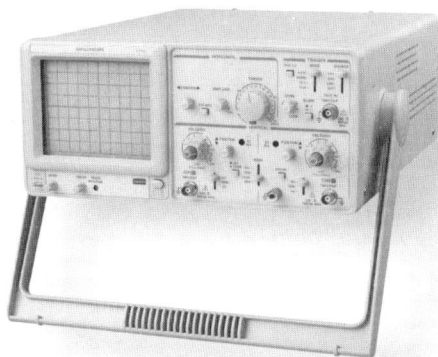

图 1-1-6　模拟示波器

（2）数字示波器。

数字示波器是利用数字处理技术对电信号进行采样、存储和处理，并将结果显示在屏幕上的一种仪器如图 1-1-7 所示。数字示波器具有体积小、价格低廉、功能强大等优点，已经成为现代测试和测量领域中最常用的仪器之一。

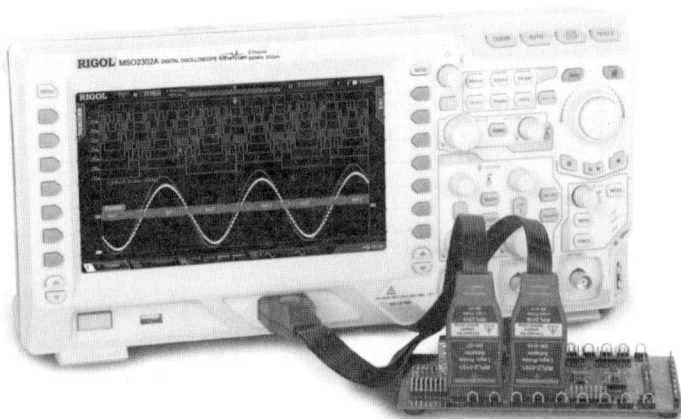

图 1-1-7　数字示波器

（3）存储式数字示波器。

存储式数字示波器是一种特殊的数字示波器，它具有存储功能，可以将采集到的信号数据存储在内存中，以便后续分析和处理。存储式数字示波器适用于需要长时间监测和记录信号变化的场合。

（4）混合信号示波器。

混合信号示波器是一种结合了模拟和数字技术的示波器，它可以同时测量模拟信号和数字信号，并将结果显示在同一个屏幕上如图 1-1-8 所示。混合信号示波器适用于需要同时测量模拟和数字信号的场合。

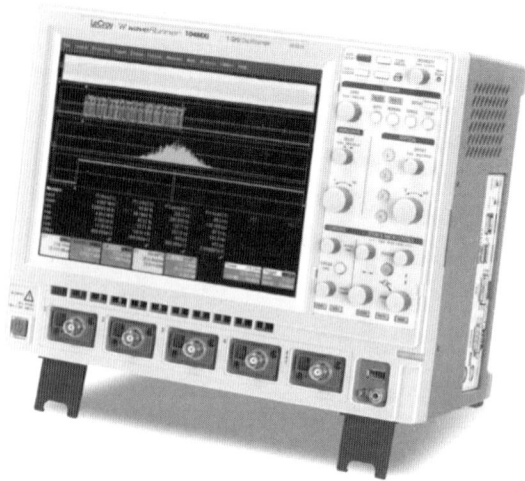

图 1-1-8　混合信号示波器

2. 按照使用范围分类

（1）通用型示波器。

通用型示波器是最常见的一种示波器，它适用于广泛的测试和测量领域。通用型示波器具有良好的性能、稳定性和可靠性，可满足大多数测试需求。

（2）专用型示波器。

专用型示波器是针对特定领域或特定应用设计制造的一种仪器。例如医学领域中常用的心电图机、超声诊断仪等都属于专用型示波器。专用型示波器具有高度专业化、精度高等特点，但价格较高，适用范围有限。

3. 按照测量通道分类

（1）单通道示波器。

单通道示波器只具有一个测量通道，适用于单一信号的测量和分析。单通道示波器价格低廉、体积小巧，是学生、爱好者等初学者的首选。

（2）双通道示波器

双通道示波器具有两个独立的测量通道，可以同时测量两个信号，并将结果显示在同一个屏幕上。双通道示波器适用于需要同时测量两个信号的场合。

（3）多通道示波器

多通道示波器具有三个或以上的独立测量通道，可以同时测量多个信号，并将结果显示在同一个屏幕上。多通道示波器适用于需要同时监控多个信号的场合，如音频、视频等领域。

4. 按照带宽分类

（1）低频示波器。

低频示波器适用于频率较低的信号测试和分析，其带宽一般在几十千赫兹以下。低频示波器价格低廉、体积小巧，是学生、爱好者等初学者的首选。

（2）中频示波器。

中频示波器适用于频率在几十千赫兹至数百兆赫兹之间的信号测试和分析，其带宽一般为数百兆赫兹。中频示波器价格适中、功能强大，是广泛应用于电子、通信等领域的仪器。

（3）高频示波器。

高频示波器适用于频率在数百兆赫兹至数千兆赫兹之间的信号测试和分析，其带宽一般在数千兆赫兹以上。高频示波器价格昂贵、体积庞大，是专业领域中使用较多的仪器。

5. 按照触发方式分类

（1）自由运行示波器。

自由运行示波器不需要外部触发信号，可以自主采集和显示信号。自由运行示波器适用于信号变化较缓慢、无需精确触发的场合。

（2）外部触发式示波器。

外部触发式示波器需要外部触发信号才能开始采集和显示信号。外部触发式示波器适用于信号变化较快、需要精确触发的场合。

（3）自动触发式示波器。

自动触发式示波器可以自动识别信号并进行触发，无需外部触发信号。自动触发式示波器适用于信号变化较快，但无法精确预测触发时刻的场合。

【学习过程】

一、任务分工

表 1-1-1　任务分工

小组编号：

学生姓名	任务分工	工具设备准备	备注
			组长

二、制定动力电子控制检测故障排除计划

1. 火花塞的检测

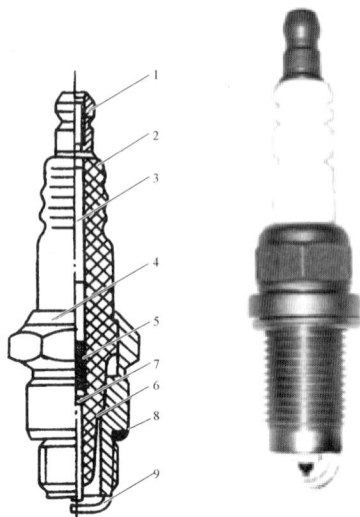

1—接线螺母；2—____；3—金属杆；4—____；5—电阻填料；
6—____；7—紫铜垫圈；8—密封垫圈；9—_____。

图 1-1-9　火花塞的结构

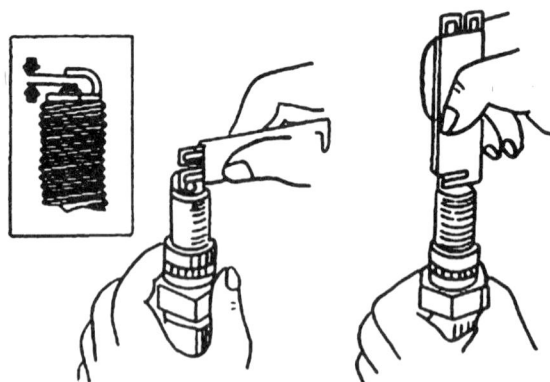

图 1-1-10　火花塞间隙检测方法

2. 点火线圈的检测

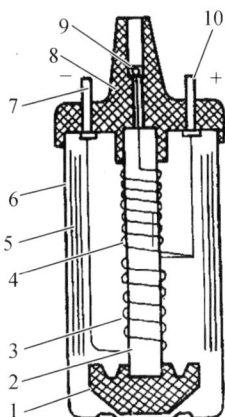

1—瓷杯；2—____；3—____；4—____；5—____；6—外壳；7—"−"接柱；
8—胶木盖；9—____；10—"+"接柱；11—"+开关"接柱组成。

图 1-1-11　点火线圈结构示意图

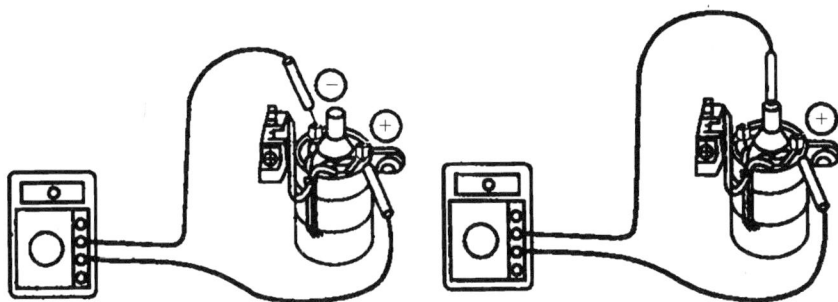

图 1-1-12　初级与次级线圈电阻检测

3. 缸线的检测

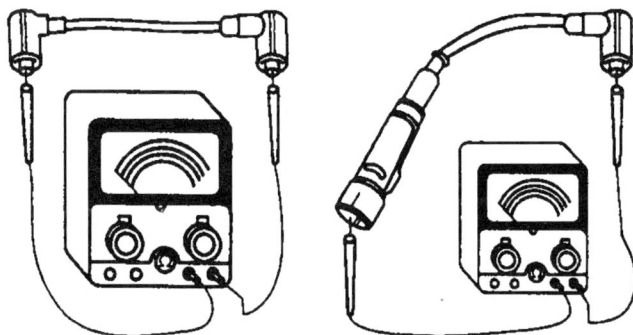

图 1-1-13　缸线电阻检测

4. 传感器的检测

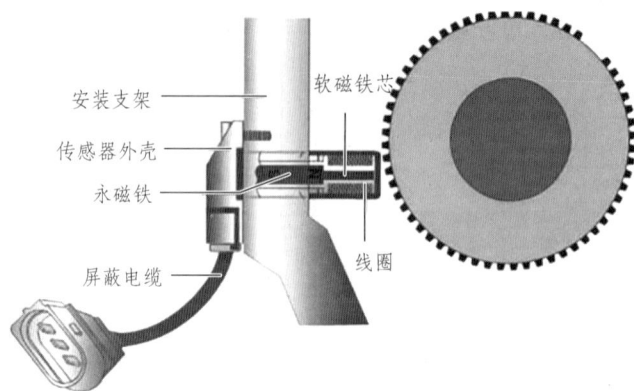

图 1-1-14　传感器安装示意图

图 1-1-15　传感器电阻检测

三、认识示波器的品牌及型号，制定示波器的使用步骤

制定示波器使用步骤：

（1）选择示波器并连接车辆；

（2）查阅点火信号控制电路；

（3）检测点火波形。

工作任务：正确使用检测仪器，找出动力控制系统故障元件，记录故障元件相关信息，进行故障原因说明。

请写出你的工作方案。

四、计划实施

1. 准备工作及安全注意事项

（1）工装穿着整洁，戴好工作手套。根据实际需要佩戴个人防护装备，如护目镜、防护手套、耳塞、安全帽等。

（2）车辆进入工位并可靠停驻（由指导教师操作）。在开始任何维修操作之前，确保车辆熄火且点火钥匙已被取下，以防止意外启动。

（3）准备好工具器材。使用设备前，务必详细阅读使用说明书，严格按照规程操作。

（4）准备好相关维修信息资料，维修车辆维修手册。

（5）保持实训场所整洁，工具和器材放置有序，避免绊倒和误触。

（6）发现安全隐患或事故苗头，立即停止作业并向指导教师报告。

2. 实施过程

（1）选择通道连接车辆（见图 1-1-16 ~ 图 1-1-18）。

（2）进入主界面（见图 1-1-19）。

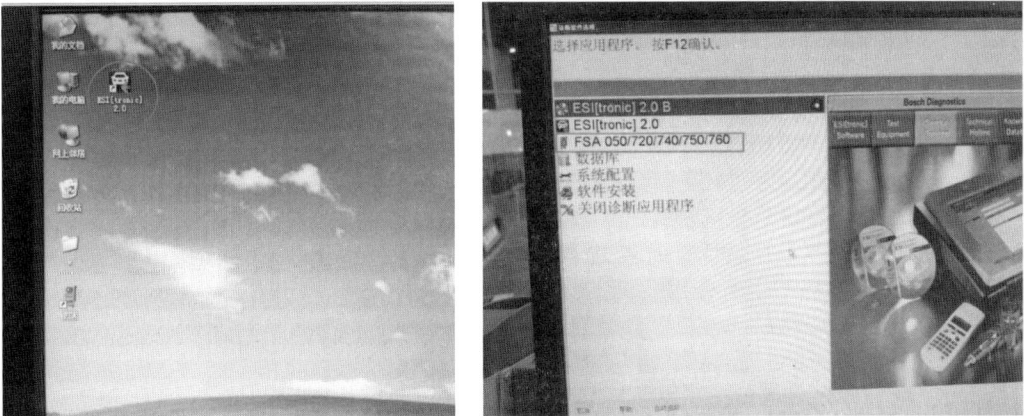

图 1-1-16　启动主机进入程序，选择 740

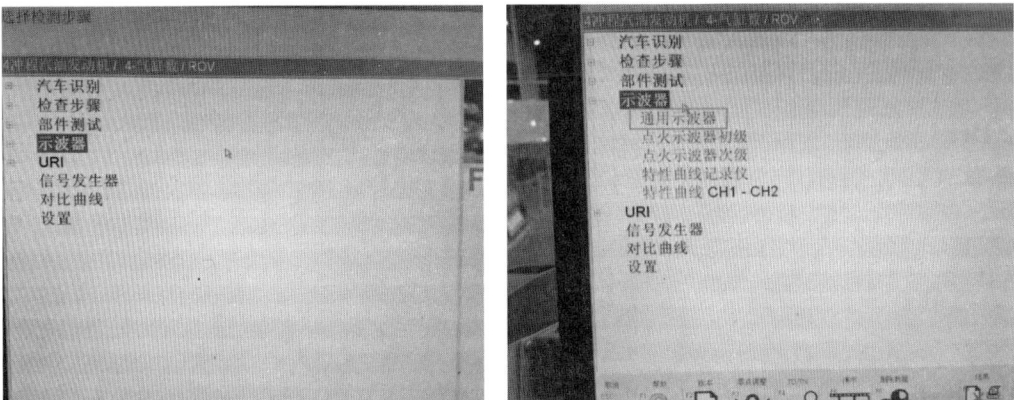

图 1-1-17　选择通用示波器

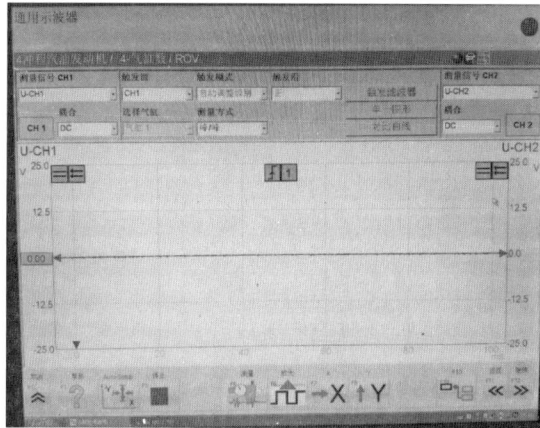

图 1-1-18　进入通用示波器

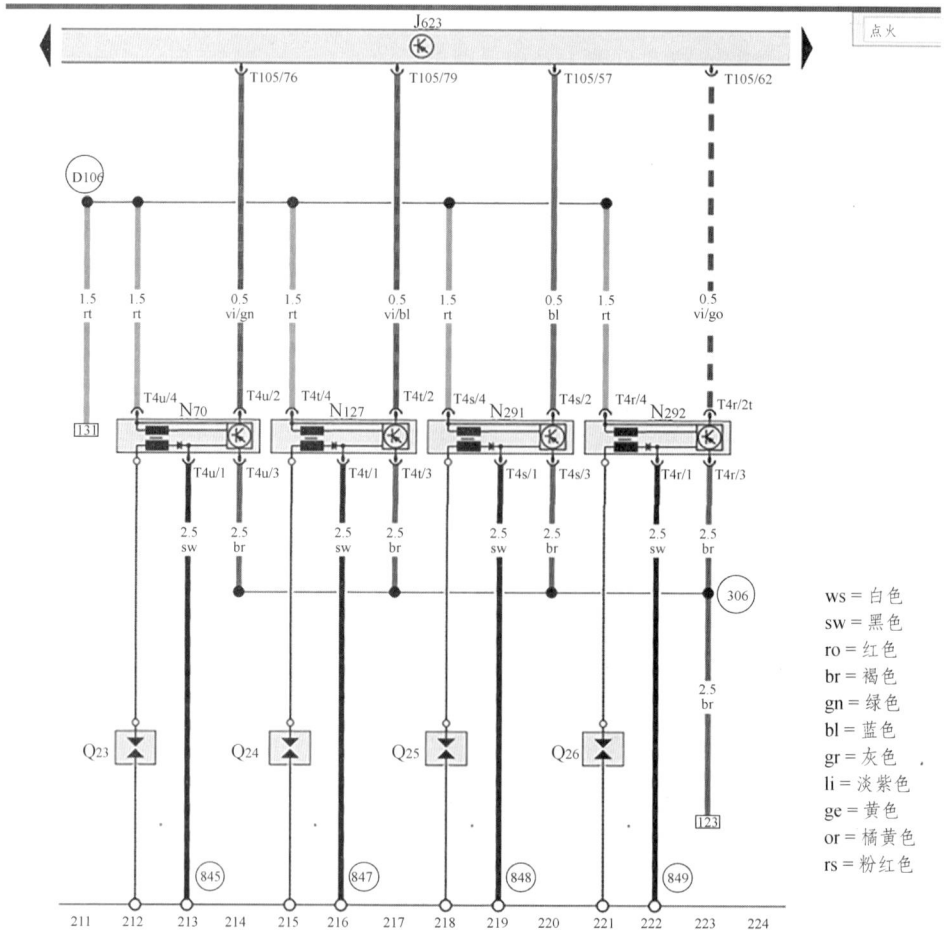

ws = 白色
sw = 黑色
ro = 红色
br = 褐色
gn = 绿色
bl = 蓝色
gr = 灰色
li = 淡紫色
ge = 黄色
or = 橘黄色
rs = 粉红色

N70：_____Q23：_____

以 N70 为例；接地线插头代号：_____　电源线插头代号：_____

控制信号线插头代号：_____

图 1-1-19　进入主界面

（3）检测燃油波形图（见图1-1-20）。

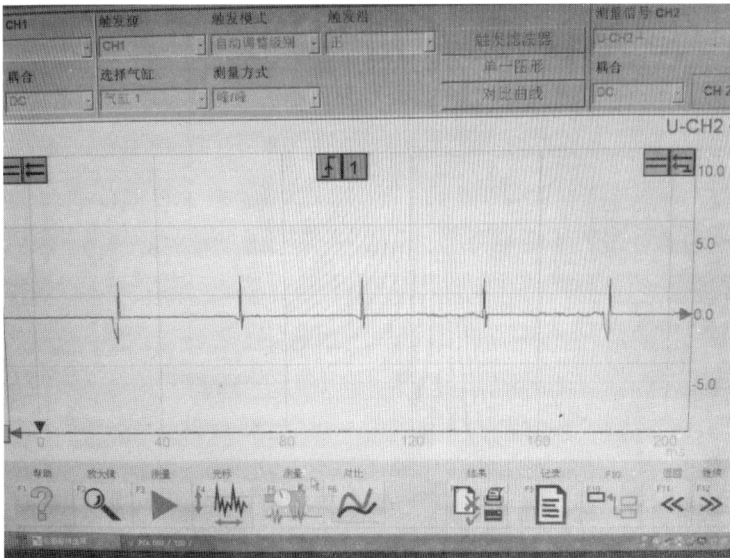

图 1-1-20　暂停后可以观察并分析当前波形图

五、检验评估

根据任务完成情况，完成评估反馈表。

表 1-1-2　评估反馈表

评价维度	具体评价内容	分值标准	学生得分	教师评语及建议	企业导师评语及建议
目标理解与达成	明确学习任务目标和要求	10分			
知识掌握程度	动力控制系统结构、功能理解；电路分析熟练度	20分			
技能操作能力	拆卸与组装点火系统的熟练度；零部件检测与故障判断能力	30分			
工作流程遵循度	遵循工作流程，自我检查	10分			
资源利用效率	维修手册查阅、车辆及工具使用情况	5分			
实际应用能力	在模拟实际场景下的问题解决能力	10分			
团队协作与沟通	团队合作角色扮演及信息交流效果	5分			

评价维度	具体评价内容	分值标准	学生得分	教师评语及建议	企业导师评语及建议
记录与报告	过程记录详尽准确，工作页填写质量	5分			
自我反思与改进	针对问题深度思考，提出改进措施	5分			
安全规范遵守	操作过程中的安全意识与规范操作	10分			
企业实践对接	对企业环境适应性及企业标准遵循情况	5分			

教师签字：＿＿＿＿＿＿＿＿＿＿＿＿＿＿＿＿ 日期：＿＿＿＿＿＿＿＿＿＿＿＿＿＿＿＿

学生自评：我对自己的表现满意/有待提高的地方是 ＿＿＿＿＿＿＿＿＿＿＿＿＿＿＿＿

学生签字：＿＿＿＿＿＿＿＿＿＿＿＿＿＿＿＿ 日期：＿＿＿＿＿＿＿＿＿＿＿＿＿＿＿＿

企业导师签字：＿＿＿＿＿＿＿＿＿＿＿＿＿＿ 日期：＿＿＿＿＿＿＿＿＿＿＿＿＿＿＿＿

注：根据学生的实际表现，在"学生得分"栏填入对应项目的具体得分；教师和企业导师在"评语及建议"栏提供具体的点评以及改进建议。

学习活动 2　车身电控波形检测

【学习目标】

（1）能使用示波器测试信号线路波形，并分析波形特点；

（2）能找到动力 CAN 线束；

（3）能测量并分析动力 CAN 波形。

【建议学时】

12 学时。

【学习准备】

汽车示波器、维修手册、万用表等。

车身电控波形检测

【学习信息收集】

一、CAN 总线介绍

CAN 总线（Controller Area Network，控制器局域网）是由德国 Bosch 公司首先制订推出的针对汽车电子控制领域的总线式串行数据通信网络（见图 1-2-1）。

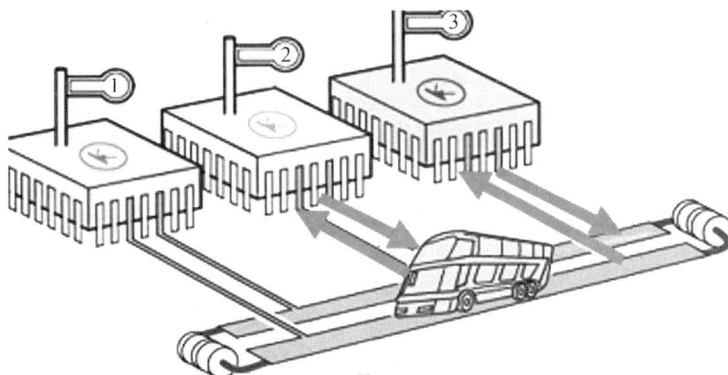

图 1-2-1　CAN 总线

CAN 总线应用不仅限于汽车工业，在其他的工业领域，如过程控制、工业流水线控制、机器人等早已被广泛使用。

国际标准化组织（ISO）已经认可 CAN 总线作为汽车应用领域的工业标准，如 ISO 11898，即为道路交通运输工具、数据信息交换、高速通信控制器局域网的国际标准。

（1）CAN 总线寻址。

CAN 总线根据内容进行数据寻址。每一条信息被赋予一条恒定的标识符，用于表明该信息的内容（比如发动机转速）。

挂接在系统上的每一个单元先判别是否含有其"接受列表"（认可检查表）中所列特

定标识符，并只对含有这种标识符的信息进行处理。这意味着 CAN 总线在发送数据时不需要附带相应的单元地址，而接口操作与系统结构形式无关。

（2）CAN 总线仲裁。

每个单元都会在总线空闲时，尽快发送它的最高优先级信息。如果几个单元同时向总线启动传输数据，会产生总线冲突。解决的方法是利用总线结构上的"线与"的裁决功能，让最高优先级的信息最优先存取，而且不会有时间或数据位的损失（见图 1-2-2）。

在总线仲裁中失败的单元，会自动返回到等待状态，一旦总线空闲时再次重复发送传输请求。

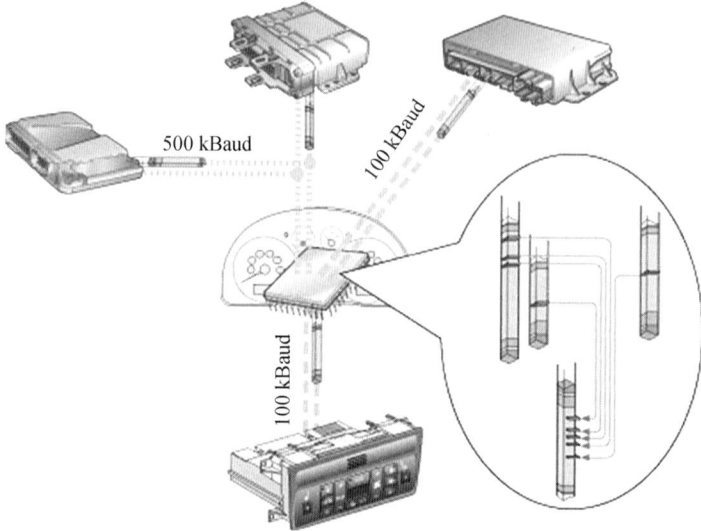

500 kBaud
100 kBaud
100 kBaud

图 1-2-2　CAN 总线仲裁

（3）CAN 总线数据格式。

采用数据帧格式可以向总线可传送每一帧低于 130 位的数据。采用这种方式可以使下一次有可能非常紧急的数据传输排队等待时间最短。每段数据包含有不同内容的数据区。

（4）CAN 总线相关标准。

CAN2.0A：确定了 CAN 总线的标准格式。

CAN2.0B：确定了 CAN 总线的标准和扩展两种格式。

ISO 11898：为道路交通运输工具-数据信息交换-高速通信控制器局域网的国际标准。

（5）CAN 总线结构。

在汽车上，数据传输方式可以分为传统的数据通信方式和总线数据传输方式（如 CAN 总线）。

传统的数据通信方式如图 1-2-3 所示，如果传递信号项目多还需要更多的信号传输线，这样会导致电控单元针脚数增加、线路复杂、故障率增多及维修困难。

在传统的汽车数据传输系统中，每一信号均分配有一根信号线。随着车内电子控制器件的增多，线束组件已经复杂到难以管理的地步，同时，各系统对系统之间数据传输要求也在不断增加，这些都使得传统的数据通信方式已无法令人满意。因此，在当前汽车中，通过图 1-2-4 所示的线性 CAN 总线形式来实现车内各电子控制系统之间的通信。

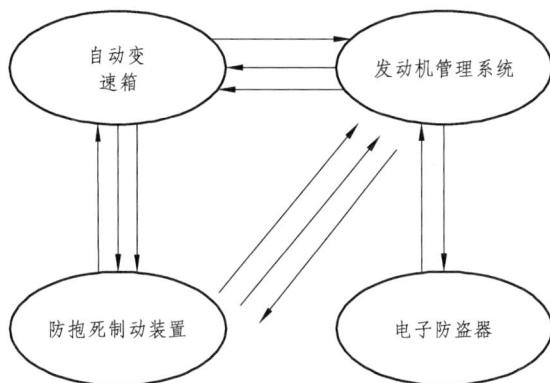

图 1-2-3 传统的数据通信方式

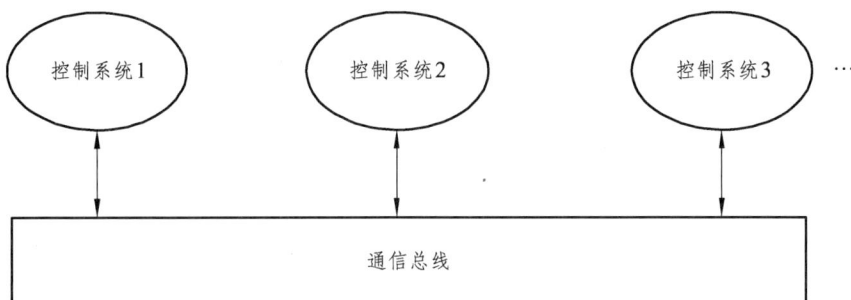

图 1-2-4 CAN 总线结构

（6）CAN 总线在汽车上的布置（见图 1-2-5）。

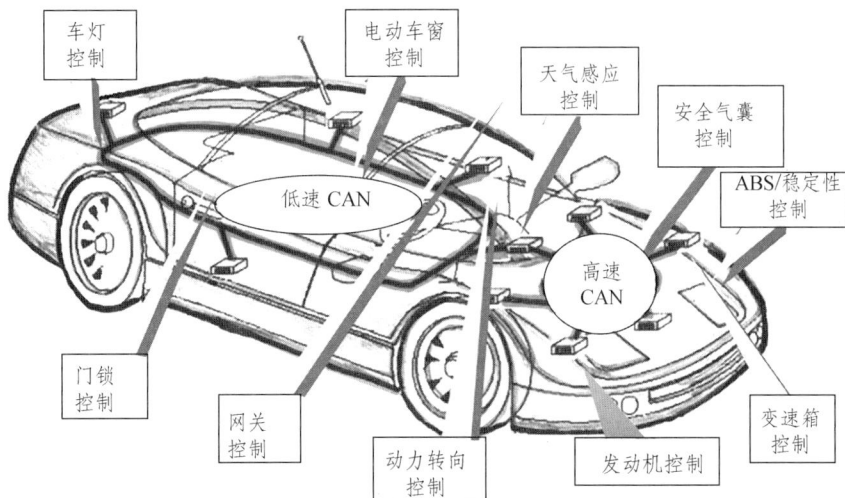

图 1-2-5 CAN 总线在汽车上的布置

二、CAN总线的主要特点及优点

1. 主要特点

（1）良好的容错能力。

CAN总线采用"多元主控"的线性总线结构，挂接多个相同优先级的ECU。可以避免在环形结构或星形结构中出现的某一个单元的失效而导致整个系统功能的崩溃的现象。

（2）满足不同的实时控制要求。

CAN总线上的信息分成不同的优先级，可满足不同的实时要求，高优先级的数据最多可在134 μs内实现快速传输。

（3）可靠的数据通信质量。

CAN总线的通信速度可调，采用15位的循环冗余校验码确保数据传输质量，对数据帧结构和总线裁决均有严格的定义。

（4）方便的线束安装。

CAN总线线束只有四根，两根电源线，两根数据线，因此线束连接很方便，并大量减少了导线数量。

2. CAN数据传输系统的优点

数据总线与其他部件组合在一起就成为数据传输系统。CAN数据传输系统的优点是：

（1）将传感器信号线减至最少，使更多的传感器信号进行高速数据传递。

（2）电控单元和电控单元插脚最小化应用，节省电控单元的有限空间。

（3）如果系统需要增加新的功能，仅需软件升级即可。

（4）各电控单元的监测对所连接的CAN总线进行实时监测，如出现故障该电控单元会存储故障码。

（5）CAN数据总线符合国际标准，以便于一辆车上不同厂家的电控单元间进行数据交换。

（6）传输速度快，相关控制单元可共用传感器，更少的线束、更小的控制单元，节省了空间，可随时挂接其它控制单元，实现功能扩展两根数据线缠绕可防止电磁干扰，两根数据线缠绕可防止电磁干扰。

三、CAN总线数据传输速率

根据实时控制的需要，可以给CAN总线设置成不同的通信速度，对应地，汽车的CAN总线网络便可以分成两个通信网络：

（1）低速网。

通信速度不大于125 kb/s，目前常用的在100 kb/s，主要用于中央门锁、自动门窗、自动空调、汽车定位等舒适系统。

（2）高速网。

通信速度可达 1 Mb/S，目前常用的在 500 kb/s，主要用于汽车动力控制系统，如发动机管理系统、自动变速箱、制动防抱死装置等。

在高速网和低速网之间有一个网关控制器（Gateway Controller）用于协调高低速网络之间的数据通信。

四、CAN 数据总线连接

CAN 数据总线网络连接部件及参与工作的控制器如图 1-2-6 所示。

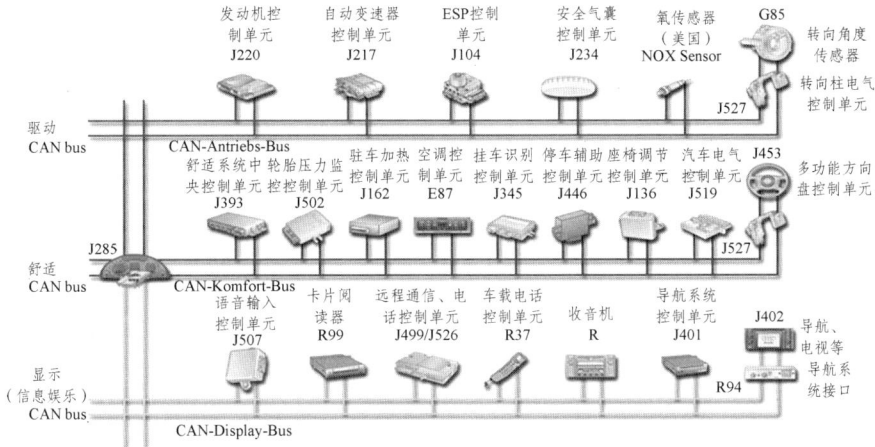

图 1-2-6　CAN 数据总线网络连接部件及参与工作的控制器

CAN 数据总线连接链路外形如图 1-2-7 所示。

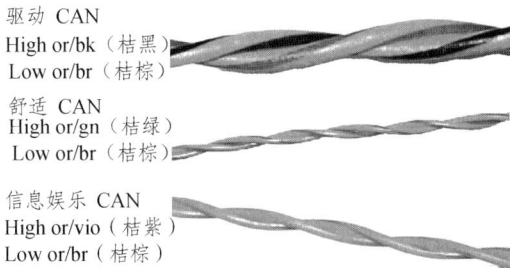

图 1-2-7　CAN 数据总线连接链路外形

CAN 数据总线网络节点连接及安装位置如图 1-2-8 所示。

中央线束连接（星形接法）

舒适系统数据总线
信息娱乐系统数据总线

驱动数据总线

左侧A柱

右侧A柱

图 1-2-8　CAN 数据总线网络节点连接及安装位置

五、CAN 数据总线接点及检查

CAN 数据总线接点如图 1-2-9 所示。严禁使用刺线器穿刺双绞线测试波形，而应当使用感应钳测试。打开线束应离接点 10 cm 以上。

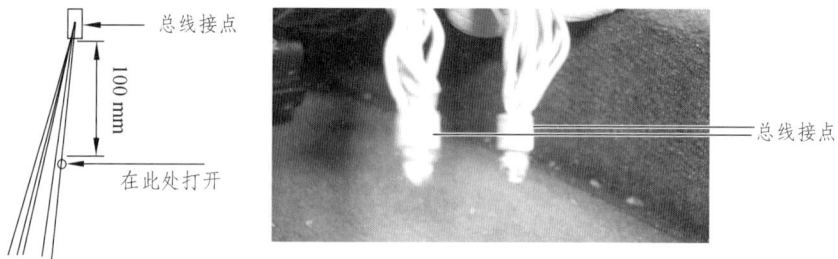

总线接点

100 mm

在此处打开

总线接点

图 1-2-9　CAN 数据总线接点

六、本地连接网络数据总线（LIN）

（1）LIN 总线特点。

① 传输速率最大 19.2 kBd。

② 一条线，主色为紫色+识别色。

③ 主-从控制管理。

④ 借助于 CAN 舒适总线通过主控制单元进行 LIN 总线系统之间的数据交换。

⑤ 自诊断通过主控制单元的地址码。

⑥ 从控制器：

·最多 16 个从控制器；

·接收或传送与主控制器的查询或指定有关的数据。

⑦ 主控制器：

- 控制总线和协议；
- 控制哪些信息在哪个时间通过总线被发送；
- 把 LIN-BUS 和 CAN-BUS 连接起来；
- 承担完整的故障处理及诊断。

（2）LIN 总线驱动器物理结构。

LIN 驱动器对地接通-0 V，LIN 显性电平（0 位优势）。每个 LIN 控制单元在总线上可以设置显性电平。对正极或负极短路，LIN 总线不再工作。其物理结构如图 1-2-10 所示。

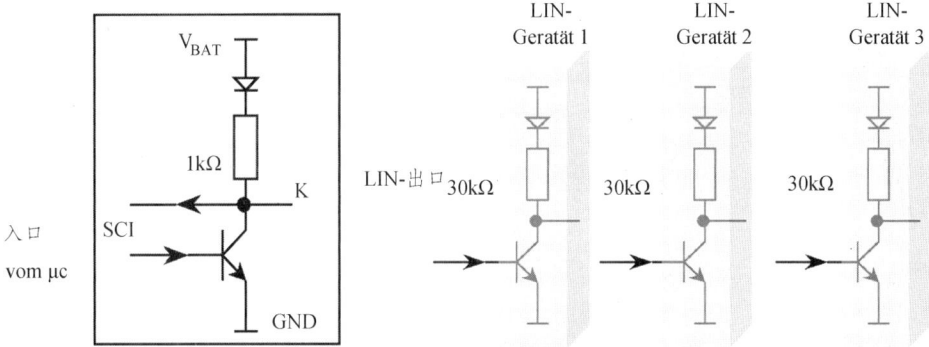

图 1-2-10　LIN 总线物理结构

（3）执行器和控制器间数据传输。

如果信息从执行器（Slave）-控制器（Master）传递，肯定是 Master 要求的，如图 1-2-11 所示。

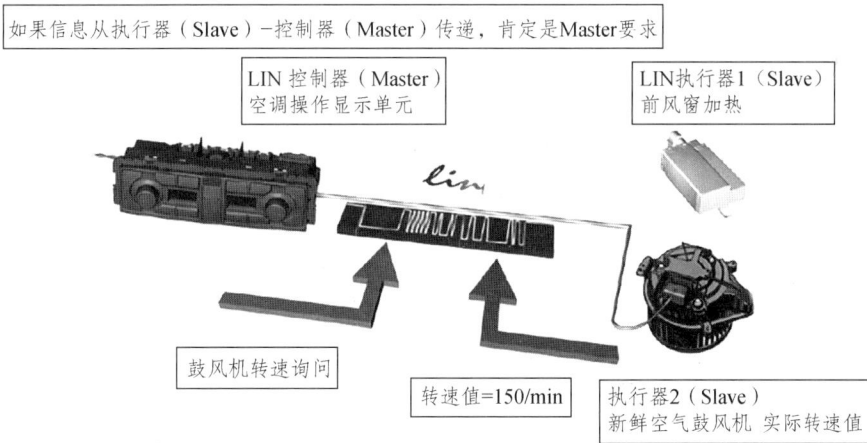

图 1-2-11　执行器和控制器间数据传输

七、媒体系统数据交换总线（MOST）

（1）MOST 如图 1-2-12 所示，其特征如下：

① 传输率 21.2 MB。

② 光纤传输。

③ 实现声音和图像数据的传输。

④ 环形结构。

⑤ 点火开关关断后要求：

a. 环路断路影响所有功能；

b. 在环断路诊断和衰减仪的帮助下进行故障查找。

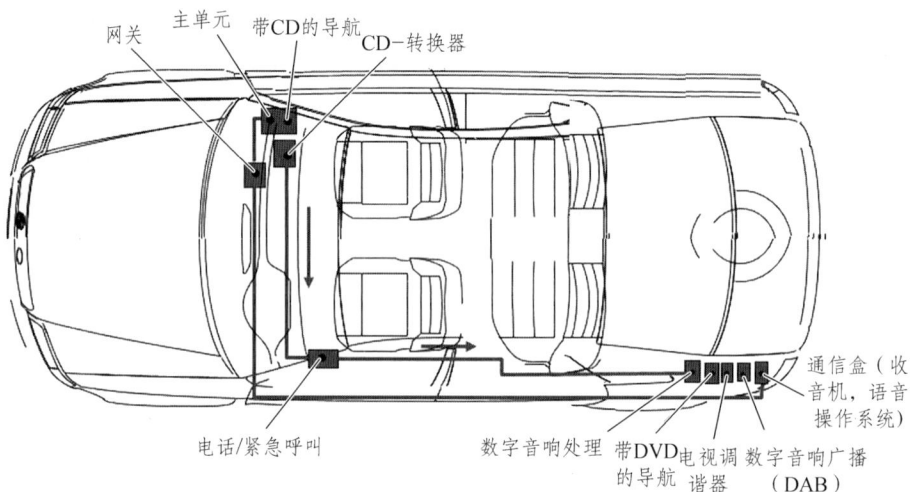

图 1-2-12　媒体系统数据交换总线（MOST）

（2）MOST 光纤的结构（LWL）如图 1-2-13 所示。

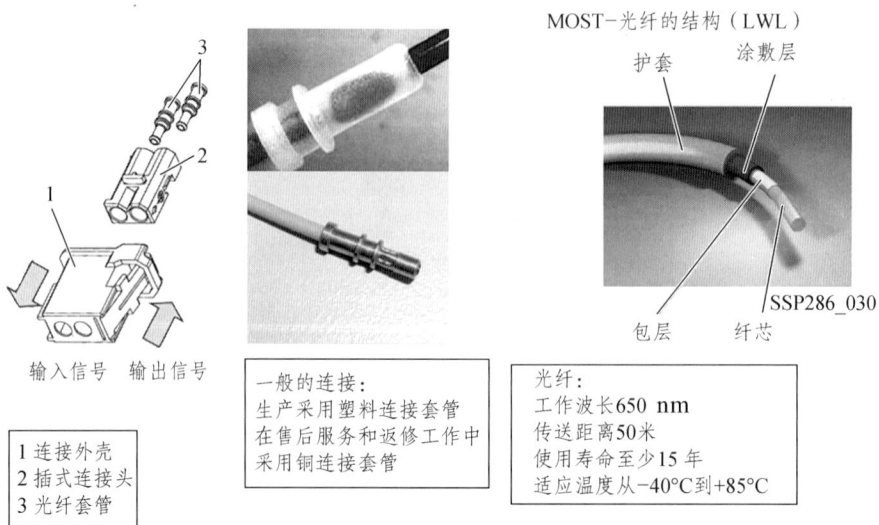

1 连接外壳
2 插式连接头
3 光纤套管

一般的连接：
生产采用塑料连接套管
在售后服务和返修工作中
采用铜连接套管

光纤：
工作波长650 nm
传送距离50米
使用寿命至少15 年
适应温度从−40℃到+85℃

图 1-2-13　MOST 光纤的结构（LWL）

（3）MOST 光纤的功能原理如图 1-2-14 所示。

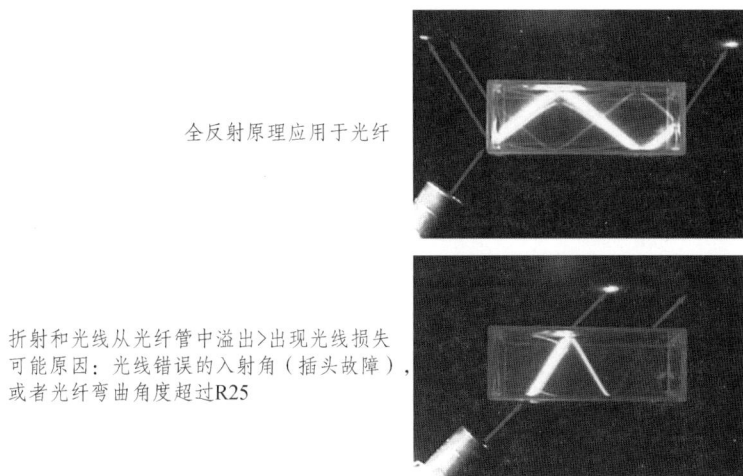

全反射原理应用于光纤

折射和光线从光纤管中溢出>出现光线损失
可能原因：光线错误的入射角（插头故障），
或者光纤弯曲角度超过R25

图 1-2-14　MOST 光纤的功能原理

（4）MOST 光纤的弯曲保护如图 1-2-15 所示。

为防止光纤超过允许最小弯曲角度
采用波纹管套装到光纤上。

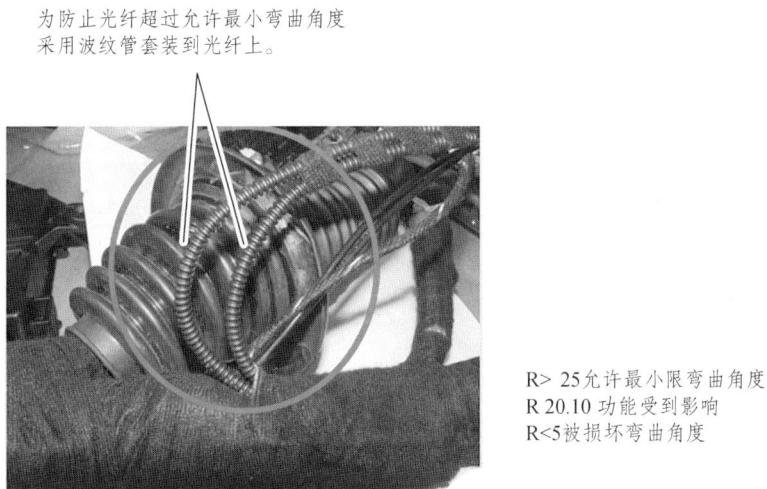

R> 25允许最小限弯曲角度
R 20.10 功能受到影响
R<5被损坏弯曲角度

图 1-2-15　MOST 光纤的弯曲保护

八、掌握 CAN 总线的检测维护方法

（1）故障代码诊断分析：与普通的汽车电控系统传感器、执行器故障码有所不同，如：驱动总线缺乏来自 ABS 的信息（ABS 控制单元未做匹配造成的）；集团数据总线通信错误（网关控制器不能通信造成的）。

（2）数据流分析：与一般电控系统数据分析一样，只是网络系统故障也会造成相关数据发生变化。

（3）波形分析：这是判断 CAN 总线系统链路故障的主要手段，是通过示波器，以波形图的形式检查高速 CAN 与低速 CAN 的工作情况。

（4）控制器匹配、自适应调整：这是汽车维修服务过程中经常要做的事情。在没有采用 CAN 控制的汽车上，电脑（电控单元）坏了，我们买一块新的换上就可以了。而现在许多车型更换电脑后不能马上工作，还要对电脑进行编码，对控制器或执行器做自适应匹配等操作才能正常工作。

随着汽车电子技术的发展，CAN 总线技术在汽车上运用越来越多，也有向中、低档轿车覆盖的趋势。了解汽车 CAN 总线与多路信息传输系统的结构原理，特别是掌握 CAN 总线的故障类型与分析、检修、操作方法，是十分重要的，也是汽车维修技师必须具备的素质。

九、CAN 总线的故障分类

汽车 CAN 总线与多路信息传输系统的故障有三类。一是电源故障，由于电源系统电压低，引起控制器无法正常工作。二是节点故障，多路信息传输系统的节点为网络连接的各个电控单元，因此节点故障即电控单元本身有故障。三是链路故障，因多路信息传输系统的链路不畅通或物理性质被改变，导致数据无法正常通信。

1. 电源故障

汽车多路传输系统的核心部分是含有通信 IC 芯片的电控单元，电控单元的正常工作电压一般在 10.5 ~ 15 V，如果汽车电源系统提供的工作电压低于该值，就会使一些对工作电压要求较高的电控单元出现短暂的停止工作，进而使整个汽车多路信息传输系统出现通信故障（见图 1-2-16）。

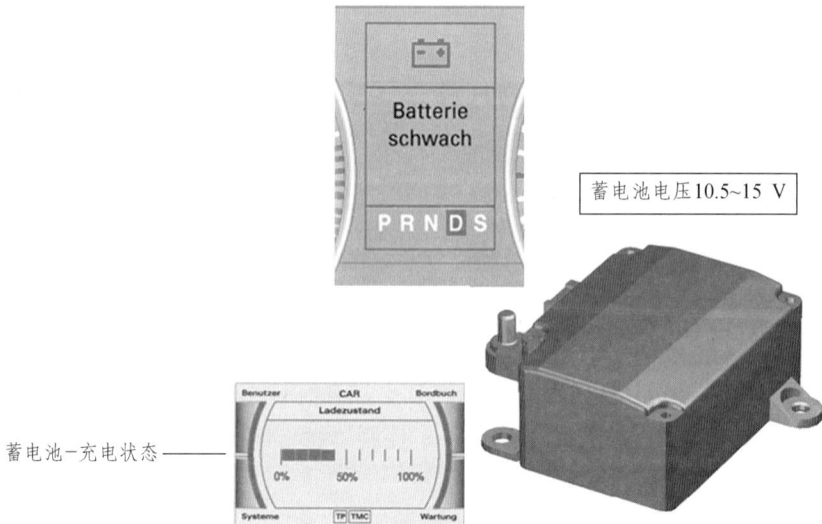

图 1-2-16　电源故障

2. 节点故障

节点是汽车多路信息传输系统中连接的各个电控单元，节点故障包括电控单元的软件故障和硬件故障两种软件故障，即传输协议或软件程序有缺陷或冲突，进而使汽车多路信息传输系统通信出现混乱或无法工作，这种故障一般成批出现，且无法维修。还有一类是新更换的节点（电控单元），没有激活或匹配软件，致使新更换的节点软件不能正常工作而出现节点故障。硬件故障，一般是由于电控单元内通信芯片或集成电路损坏，使电控单元无法工作而造成汽车多路信息传输系统无法正常工作。这种故障一般单独出现，采用更换电控单元并重新自适应匹配的方式修复（见图 1-2-17）。

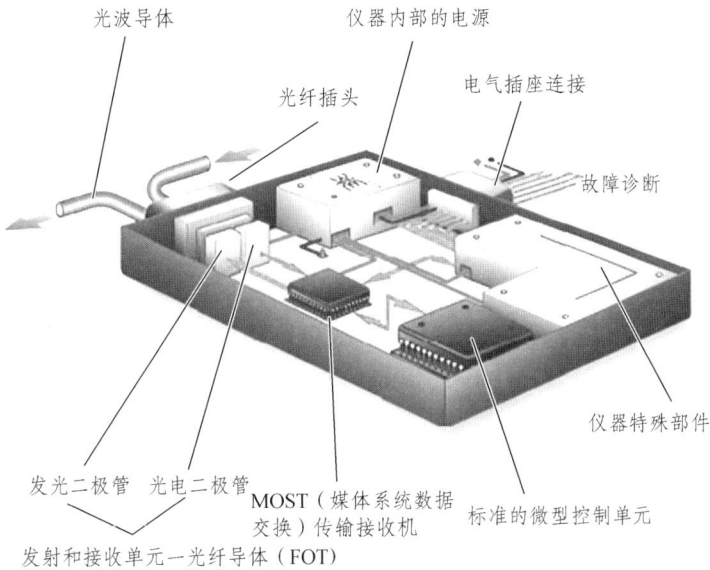

图 1-2-17　硬件故障

3. 链路故障

链路是指各节点间的通信连接线路。链路故障即数据通信线路出现故障，如短路、断路以及线路因物理性质改变而引起的通讯信号衰减或失真，这些因素常常会引起多个电控单元无法正常工作或控制系统出现错误动作（见图 1-2-18）。判断是否为链路故障一般采用示波器或汽车专用的光纤诊断仪，观察当前数据通信信号是否与标准数据通信信号相符。维修方法一般是修复短路、断路的双绞线线路，或消除改变双绞线物理性质的根源等。

根据 CAN 总线在行业应用中的要点和故障类型，首先分析故障代码。目前在 3 个控制器内存有 3 个与网络有关的故障码，分别在发动机控制单元有 18056 和 17978 号故障码，表明动力系统数据总线通信失败和发动机控制单元被防盗控制单元闭锁。在仪表与网关控制器内存有 01312 号故障码，表示动力系统数据总线有故障或缺陷（即数据通信质量不好）。根据所有电控单元存储的故障码分析，该故障应属于 CAN 总线系统链路故障。而帕萨特 B5 1.8T 轿车的防盗控制器便安装在仪表总成内，若仪表控制单元与发动机电控单元因链路中断而不能通信，就会发生"发动机控制单元被防盗控制单元闭锁"的故障，发动机也不能启动运行。因此应当重点检查仪表控制单元到发动机控制单元的网络通信链路。

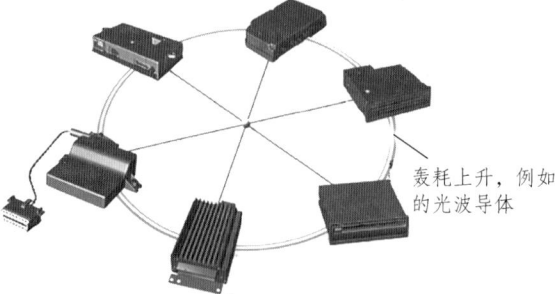

图 1-2-18　链路故障

十、进一步诊断分析与波形分析

（1）电路分析：动力 CAN 总线连接方式（见图 1-2-19）。

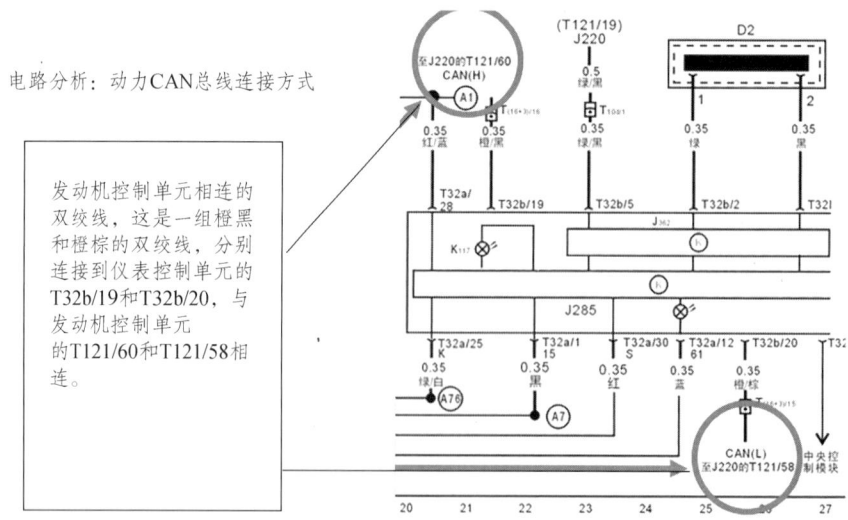

图 1-2-19　电路分析

（2）波形分析（见图 1-2-20）。

正确的波形图如图 1-2-21 所示。

电路分析：动力CAN总线连接方式

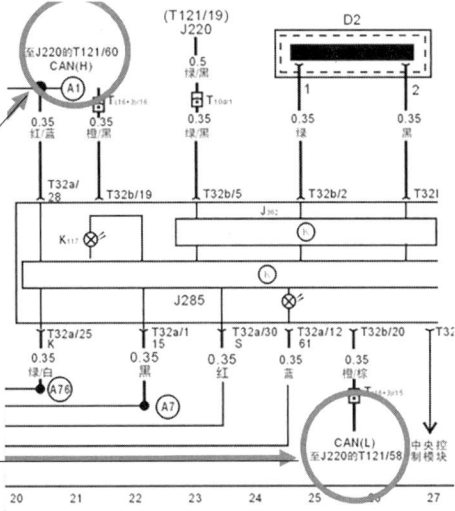

发动机控制单元相连的双绞线，这是一组橙黑和橙棕的双绞线，分别连接到仪表控制单元的T32b/19和T32b/20，与发动机控制单元的T121/60和T121/58相连。

图 1-2-20 波形分析

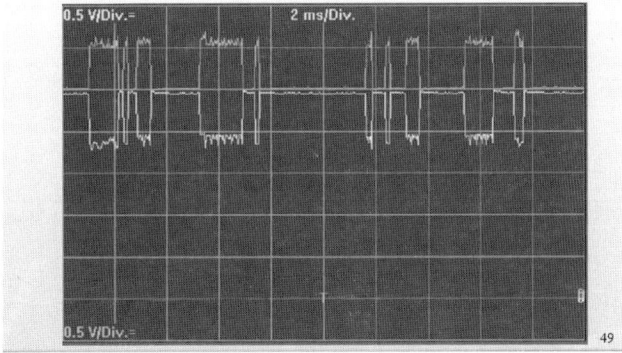

（a）

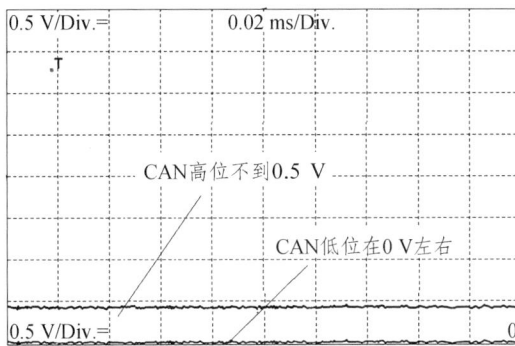

CAN高位不到0.5 V

CAN低位在0 V左右

（b）

图 1-2-21 正确的波形图

从波形图可以看出，高位网线正在发生对地短路的故障，表明仪表控制单元到发动机控制单元的高位网线间有实际对地短路现象。

【学习过程】

一、任务分工

表1-2-1 任务分工

小组编号：

学生姓名	任务分工	工具设备准备	备注
			组长

二、制定汽车 CAN 线系统故障排除计划

故障现象与可能原因

工作任务：正确使用检测仪器，找出故障元件，记录故障元件相关信息，进行故障原因说明。

请写出你的工作方案。

三、计划实施

1. 准备工作及安全注意事项

（1）工装穿着整洁，戴好工作手套。根据实际需要佩戴个人防护装备，如护目镜、防护手套、耳塞、安全帽等。

（2）车辆进入工位并可靠停驻（由指导教师操作）。在开始任何维修操作之前，确保车辆熄火且点火钥匙已被取下，以防止意外启动。

（3）准备好工具器材。使用设备前，务必详细阅读使用说明书，严格按照规程操作。

（4）准备好相关维修信息资料，维修车辆维修手册。

（5）保持实训场所整洁，工具和器材放置有序，避免绊倒和误触。

（6）发现安全隐患或事故苗头，立即停止作业并向指导教师报告。

2. 实施过程

发动机控制单元安装在挡风玻璃下面，与仪表总成很近。拆下仪表台外壳，沿仪表总成连接线束向下查找，发现高位网线在发动机舱与驾驶舱的连接防火墙线孔处，表皮有磨损并与车身搭铁（见图 1-2-22）。用胶带缠绕修复磨损的高速网线表皮，重新在线孔处安装一个橡胶圈，清除所有控制器内存储的故障代码，所有故障码都不再出现，故障排除，发动机也能够正常启动了。

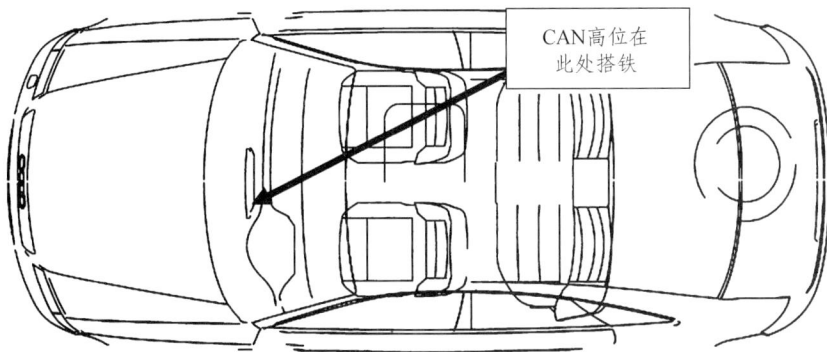

图 1-2-22　CAN 高位与车身搭铁

四、检验评估

根据任务完成情况，完成评估反馈表。

表 1-2-2　评估反馈表

评价维度	具体评价内容	分值标准	学生得分	教师评语及建议	企业导师评语及建议
目标理解与达成	明确学习任务目标和要求	10 分			
知识掌握程度	照明系统结构、功能理解 电路分析熟练度	20 分			
技能操作能力	拆卸与组装前仪表台的熟练度； 零部件检测与故障判断能力	30 分			
工作流程遵循度	遵循工作流程，自我检查	10 分			
资源利用效率	维修手册查阅、车辆及工具使用情况	5 分			

评价维度	具体评价内容	分值标准	学生得分	教师评语及建议	企业导师评语及建议
实际应用能力	在模拟实际场景下的问题解决能力	10分			
团队协作与沟通	团队合作角色扮演及信息交流效果	5分			
记录与报告	过程记录详尽准确,工作页填写质量	5分			
自我反思与改进	针对问题深度思考,提出改进措施	5分			
安全规范遵守	操作过程中的安全意识与规范操作	10分			
企业实践对接	对企业环境适应性及企业标准遵循情况	5分			

教师签字:＿＿＿＿＿＿＿＿＿＿＿＿　　　日期:＿＿＿＿＿＿＿＿＿＿＿＿

学生自评: 我对自己的表现满意/有待提高的地方是 ＿＿＿＿＿＿＿＿＿＿＿＿

学生签字:＿＿＿＿＿＿＿＿＿＿＿　　　　日期:＿＿＿＿＿＿＿＿＿＿＿＿

企业导师签字:＿＿＿＿＿＿＿＿＿＿　　　日期:＿＿＿＿＿＿＿＿＿＿＿＿

注: 根据学生的实际表现,在"学生得分"栏填入对应项目的具体得分;教师和企业导师在"评语及建议"栏提供具体的点评以及改进建议。

学习任务二　起动与充电系统检测维修

工作情景

在一个繁忙的周末早晨，汽修技师小王正在位于城市中心繁华地段的一家大型汽车服务中心忙碌着。这时，一位焦急的车主驾驶一辆老款大众帕萨特缓缓驶入维修工位，向小王反映他的车辆近期在启动时出现了问题。车主描述道："小王师傅，我的车最近几次早上冷启动时，起动机转动起来有气无力，偶尔甚至完全转不动，无法带动发动机启动，我担心是不是起动机出故障了。"

小王凭借自己多年的汽修经验和对各类车型的深入理解，仔细倾听并记录下了客户的详细描述。他观察到车辆仪表盘上并无明显的故障灯亮起，初步判断这确实可能是起动机或其相关系统的故障。为了进一步确认问题所在，小王安抚客户的情绪，承诺尽快查明原因并修复。

任务描述

按照专业水平对起动机和发电机进行拆装，对主要零部件进行检测，针对检测的结果和有关现象，调整或更换相关零部件，检查起动机和发电机性能状态。

工作流程与活动

（1）起动机分解维修（12学时）；
（2）发电机分解维修（12学时）；
（3）充电电路检测维修（8学时）；
（4）起动充电性能检测（8学时）。

学习活动 1 起动机分解维修

【学习目标】

（1）知道起动机的结构；

（2）知道起动机的功能；

（3）能熟练分析线圈各个状态；

（4）能在作业过程中实施自我检查，做好过程记录；

（5）能对相关资料、互联网资源进行检索，完成工作页的填写。

起动机分解维修

【建议学时】

12 学时。

【学习准备】

汽车起动机相关资料、维修手册、万用表等。

【学习信息收集】

一、起动系统的作用和组成

1. 起动系统的作用

汽车发动机必须先罪外刀摇转曲轴才能进行正常的工作过程，起动系统的功用就是为启动发动机提供所需要的外力。常用的起动方式有人力和电力两种，人力起动简单，但不方便，劳动强度大，目前只有在部分汽车上作为后备方式而保留着；电力起动操作方便，起动迅速可靠，重复能力强，所以在现代汽车上被广泛应用。

2. 起动系统的组成

起动系统主要由蓄电池、起动机、起动继电器、点火开关及相互连接的线束组成，如图 2-1-1 所示。起动机是起动系统中的重要组成部分，可将蓄电池的电能转化为机械能

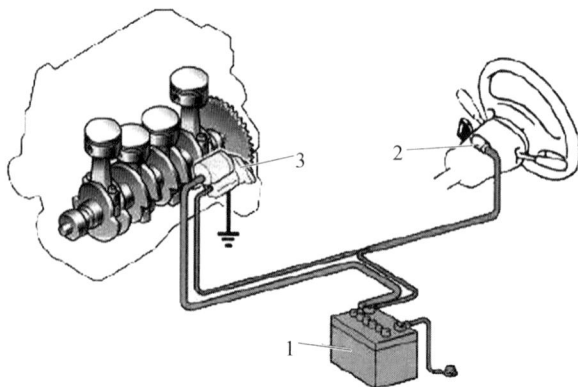

1—蓄电池；2—点火开关；3—起动机。

图 2-1-1 起动系统

启动发动机。启动继电器是利用较小的电流（3～5 A），来控制起动机工作时的大电流（50～300 A），以保护点火开关。

二、起动机的组成与类型

1. 起动机的组成

起动机主要由直流串励式电动机、传动机构和电磁开关三部分组成，如图 2-1-2 所示。

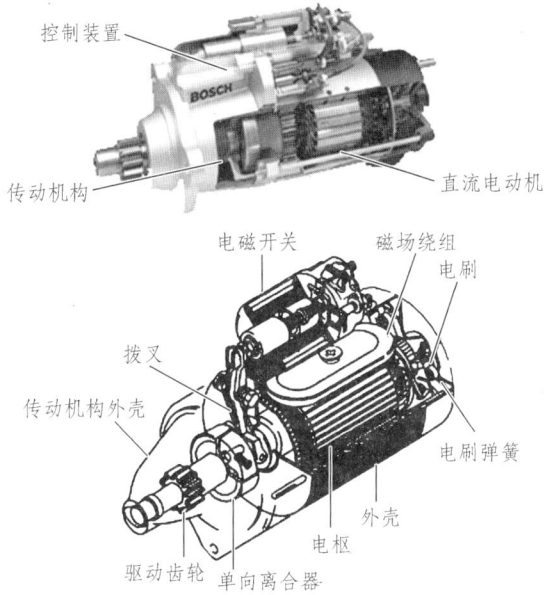

图 2-1-2　起动机组成

（1）直流串励式电动机。

直流串励式电动机是将电能转化为机械能的装置，其功用产生发动机起动时所需要的转矩。直流电动机由定子（磁极）、转子（电枢）、换向器、电刷、端盖组成，如图 2-1-3 所示。

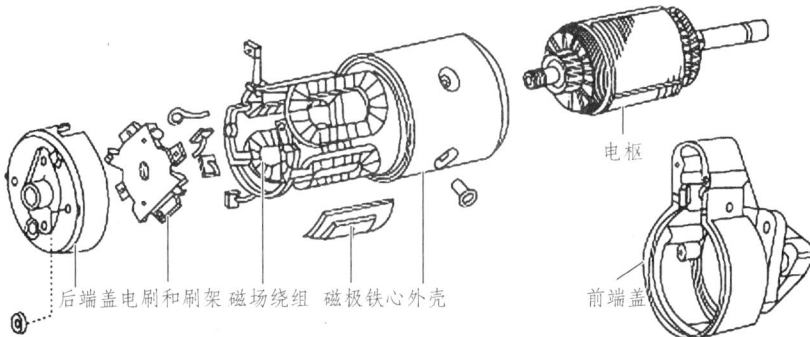

图 2-1-3　直流串励式电动机组成

直流电动机的工作原理：电能→机械能。

电枢绕组中流过电流时，受到电磁力的作用，按同一方向而不停地旋转。

① 如图 2-1-4（a）、（b）所示，电流方向为：蓄电池正极→电刷 B→线圈（d→c→b→a）→电刷 A→蓄电池负极。

根据左手定则可知：导线 ab 受到方向向右的电磁力，导线 cd 受到方向向左的电磁力，因而线圈 abcd 顺时针旋转。

② 如图 2-1-4（c）、（d）所示，当线圈转过半周（180°）时，电流方向变为：蓄电池正极→电刷 A→线圈（a→b→c→d）→电刷 B→蓄电池负极。同理可知线圈 abcd 仍按顺时针旋转。

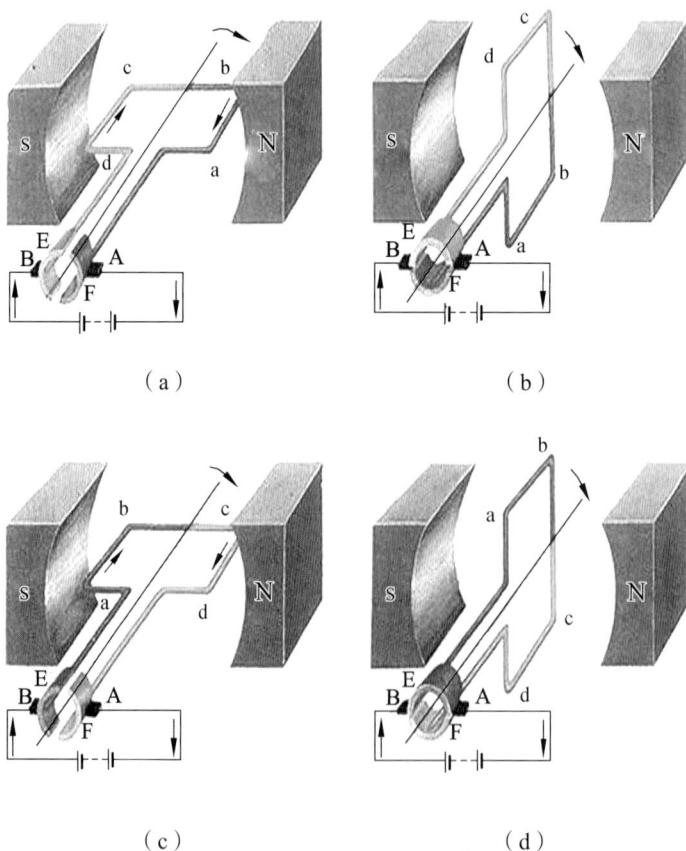

（a） （b）

（c） （d）

图 2-1-4 电流方向

（2）电磁开关。

电磁开关又称为起动机的控制机构，主要作用是通过控制起动电磁开关及杠杆机构（或其他某种装置），来实现起动机传动机构与飞轮齿圈的啮合与分离，并接通和断开起动机与蓄电池之间的电路，同时还能接入和切断点火线圈的附加电阻（传统点火装置）。控制装置主要由电磁开关和拨叉两部分组成（见图 2-1-5）。

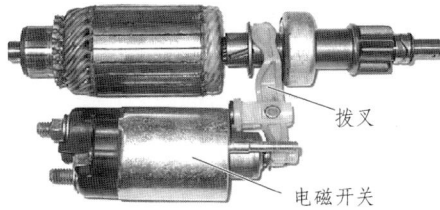

图 2-1-5　控制装置

工作过程：

① 起动时，接通起动开关，电磁开关的吸拉线圈和保持线圈通电，电路为：

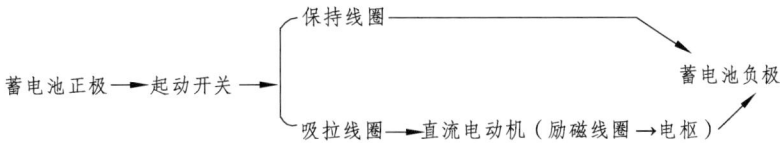

电流流过吸拉线圈和保持线圈时，产生相同方向的磁场，吸引活动铁芯向内移动，通过拨叉使起动机的驱动齿轮与发动机的飞轮啮合，同时使起动机的主开关接通，蓄电池便直接向起动机放电：

蓄电池正极→直流电动机（励磁线圈→电枢）→蓄电池负极

注：主开关接通后，吸拉线圈被短路。

② 松开起动开关时，起动机控制电路断开，吸拉线圈和保持线圈仍有电流流过：

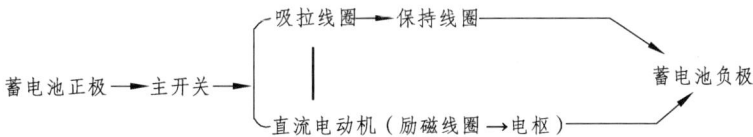

电流流过吸拉线圈和保持线圈时，产生相反方向的磁场，活动铁芯在复位弹簧的作用迅速回位，使驱动齿轮脱开啮合，主开关断开，起动机停止工作。

（3）传动机构。

起动机的传动机构在起动发动机时，能自动使起动机小齿轮与飞轮齿圈啮合，在发动机起动后，能使起动机小齿轮自动与飞轮齿圈分离或自行空转，避免起动机因高速运转而损坏。减速型起动机的传动机构中设有减速机构，起减速增矩的作用。起动机小齿轮齿数与飞轮齿圈齿数比为 1：151：20，即传动比为 15～20：1。

传动机构的作用是在发动机起动时，将直流电动机的转矩传递给发动机曲轴；在发动机起动后，而与飞轮啮合的小齿轮没有及时回位的情况下，保护起动机不被飞轮反拖。传动机构主要由单向离合器、减速机构（有些起动机不具有减速机构）、驱动齿轮等组成（见图 2-1-6）。

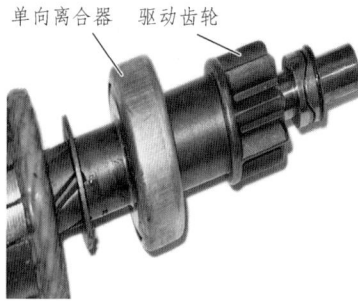

图 2-1-6 传动机构

单向离合器的作用是：在起动发动机时，将起动机产生的动力传给飞轮，以带动发动机起动；当发动机起动后，迅速将发动机与起动机间的动力切断，避免起动机超速旋转而损坏。

常用的单向离合器主要有滚柱式、摩擦片式和弹簧式三种。

2. 起动机的类型

起动机按照控制方法和传动机构的啮入方式的不同可以分为很多种类。

（1）按控制方法分类。

① 机械控制起动机。由脚踏或手拉杠杆联动机构直接控制起动机的主电路开关，来接通或切断起动机主电路。这种方式虽然结构简单、工作可靠，但由于要求起动机、蓄电池靠近驾驶舱，而受安装布局的限制，且操作不便，因此目前已很少采用。

② 电磁控制起动机。用按钮或钥匙控制电磁铁，再由电磁铁控制主电路开关，以接通或切断起动机主电路。由于装有电磁铁，可进行远距离控制，操作省力，因此现在汽车大都采用这种控制方式。

（2）按传动机构啮入方式分。

① 惯性啮合式起动机。起动机旋转时，驱动齿轮借惯性力自动啮入飞轮齿环。其特点是啮合结构简单，不能传递较大转矩，可靠性差，目前已很少使用。

② 强制啮合式起动机。靠人力或电磁力拉动杠杆，强制拨动驱动齿轮啮入飞轮齿环。其特点是啮合机构简单、动作可靠、操作方便，目前广泛使用。

③ 电枢移动式起动机。靠电磁力使电枢轴向移动，将驱动齿轮啮入齿环。目前广泛应用于大功率柴油发动机上。

（4）减速式起动机。减速起动机采用高速、小型、低力矩电动机，在传动机构中设有减速装置。质量和体积比普通起动机可减少 30%～50%，但结构和工艺比较复杂。

3. 起动机的型号

根据国家汽车行业标准《汽车电气设备产品型号编制方法》（QC/T 73—1993）的规定，起动机的型号如图 2-1-7 所示。

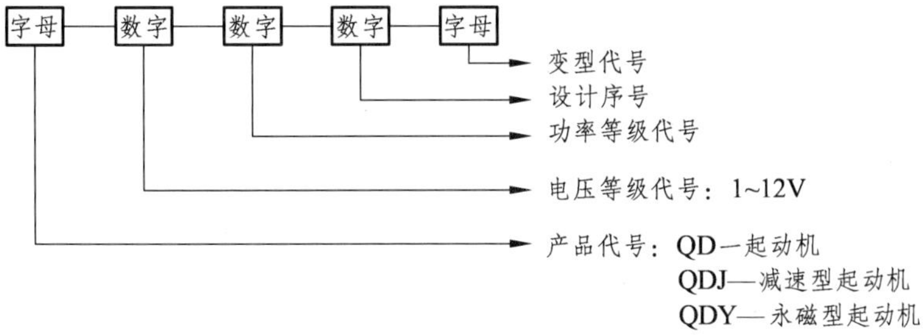

图 2-1-7　起动机型号

（1）起动机产品代号为 QD，其中 Q 表示"起"，D 表示"动"，其产品代号有 QD、QDJ、QDY，分别表示起动机、减速起动机及永磁起动机。

（2）电压等级代号。起动机电压等级代号用一位阿拉伯数字表示，1 为 12 V，2 为 24 V，6 为 6 V。

（3）功率等级代号。功率等级代号的含义见表 2-1-1。

表 2-1-1　功率等级代号的含义

分组代号	1	2	3	4	5	6	7	8	9
功率等级（kW）	～0.736	（1～2）X0.736	（2～3）X0.736	（3～4）X0.736	（4～5）X0.736	（5～7）X0.736	（7～10）X0.736	（10～15）X0.736	>15X0.736

（4）设计序号。设计序号按产品设计先后顺序，由 1～2 位阿拉伯数字组成。

（5）变形代号。一般电气参数和结构作某些改变称为变形，以汉语拼音大写字母 A、B、C……顺序表示。

例如，QD124 表示额定电压为 12 V、功率为（1～2）x0.736 kW，第四次设计的起动机；QD27E 表示额定电压为 24 V、功率为（7～10）x0.736 kW，第五次设计的起动机。

4. 起动机的正确使用

（1）使用起动机时，每次工作时间不得超过 5 s。反复起动时必须间隔 15 s 以上。

（2）起动机电路的导线连接要牢固，导线的截面积不应太小。

（3）在发动机启动后迅速松开点火钥匙，当发动机正常运转时，切勿随便接通点火开关至起动挡。

（4）应尽可能使蓄电池处于充足电的状态，以保证起动机正常工作时的电压和容量，从而减少起动机重复工作的时间。

（5）应定期对起动机进行全面的保养和检修。

【学习过程】

一、任务分工

表 2-1-2　任务分工

小组编号：

学生姓名	任务分工	工具设备准备	备注
			组长

二、任务策划

根据任务，小组进行讨论，确定工作方案并记录。

1. 起动机拆步骤

（1）清洁工量具；

（2）拆下导电片；

（3）拆下电磁开关取出回位弹簧和活动铁芯；

（4）拆下防尘盖，取出锁止片和调节垫片；

（5）拆下穿心螺栓；

（6）取下后端盖；

（7）取下绝缘电刷和搭铁电刷；

（8）拆下定子总成；

（9）拆下锁止块；

（10）拆下电枢总成；

（11）拆下前端盖。

2. 起动机检测流程

（1）万用表挡位 200 Ω，检测电磁开关吸引线圈和保持线圈，吸引线圈为主接线柱和 S 接线柱，电阻值为 20 Ω 左右。

（2）万用表挡位 20 kΩ，检测电枢绕组换相器每相绕组应无短路、断路、搭铁情况

（3）万用表挡位 20 kΩ，检测励磁绕组，绝缘电刷与导电片之间应无短路、断路和壳体应无搭铁情况。

（4）万用表挡位 20 kΩ，检测电刷架、绝缘电刷架应无搭铁情况。

（5）目测驱动齿轮应无崩角、碎裂、磨损应不超过 3 mm，用手握住单向离合器，另一只手转动驱动齿轮应为单向转动。

（6）电枢轴与后端盖之间应无明显松动。

3. 起动机安装

（1）安装电枢总成于前端盖；

（2）安装锁止片；

（3）安装定子总成，定子总成缺口与锁止块对齐；

（4）安装电刷架，先安装绝缘电刷再安搭铁电刷；

（5）安装后端盖；

（6）安装锁止片；

（7）安装穿心螺栓；

（8）安装防尘罩；

（9）安装活动铁芯，活动铁芯应与拨叉安装到位；

（10）安装回位弹簧；

（11）安装电刷架、电磁开关长接线柱应向上，短接线柱应与导电片相连；

（12）清洁工量具。

三、实施过程

1. 设备准备
起动机、蓄电池、万用表、百分表、游标卡尺、常用工具各 1 套。

2. 实训要求
（1）能顺利拆卸起动机并对主要零部件进行检测。

（2）能正确安装起动机并进行调试。

（3）符合安全文明操作。

3. 实施步骤
（1）旋下起动机贯穿螺钉和衬套螺钉，取下防尘盖，分离后端盖（见图 2-1-8）。

（2）拆下固定电磁开关的螺栓，取下电磁开关（见图 2-1-9）。

（3）分离定子总成（见图 2-1-10）。

图 2-1-8

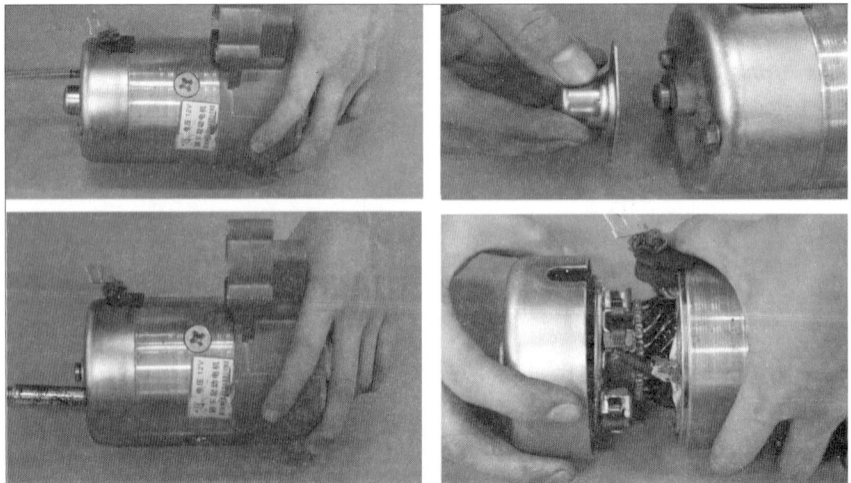

图 2-1-9

图 2-1-10

（4）用专用工具将电刷弹簧抬起，拆下电刷架及电刷（见图 2-1-11）。

图 2-1-11

（5）分离电枢总成和前端盖，从端盖上取下传动叉（见图 2-1-12）。

图 2-1-12

（6）用扳手旋下电磁开关的接线柱"30"及"50"的螺母，取下导线（见图 2-1-13）。

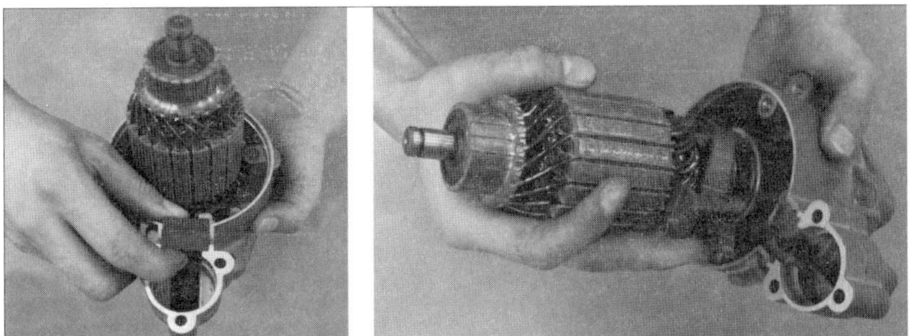

图 2-1-13

4. 检测过程

（1）电枢轴径向圆跳动（见图 2-1-14）。

图 2-1-14

（2）测量换向器外径（见图 2-1-15）。

（3）测量换向器云母片槽深度（见图 2-1-16）。

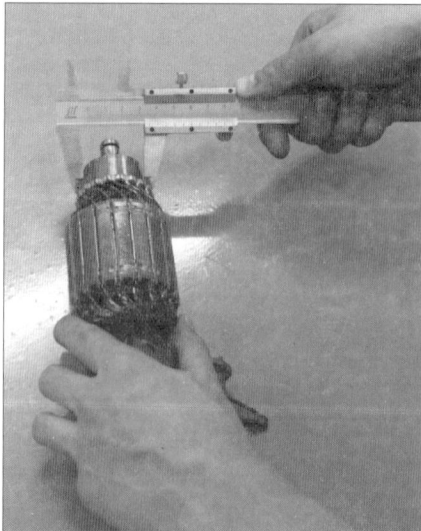

图 2-1-15

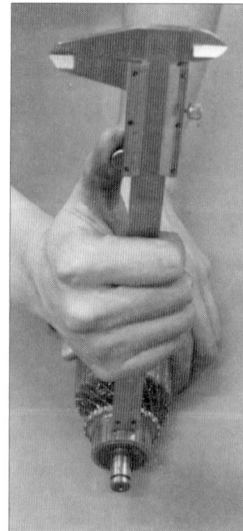

图 2-1-16

（4）换向器绝缘性能检测（见图 2-1-17）。

图 2-1-17

（5）电枢绕组状态检测（见图 2-1-18）。

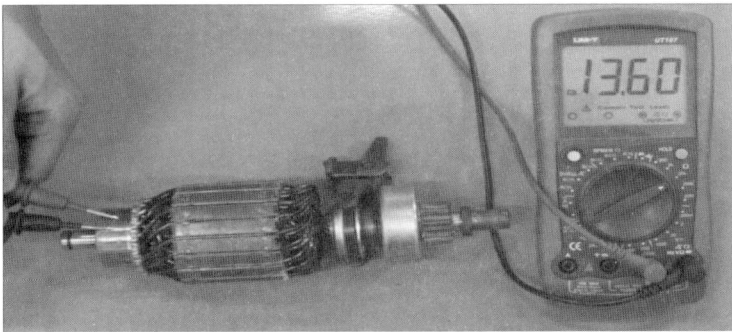

图 2-1-18

（6）磁场绕组状态检测（见图 2-1-19）。

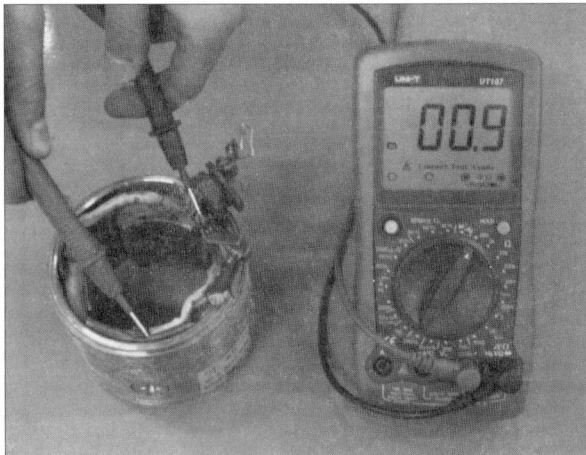

图 2-1-19

（7）电刷磨损检测（见图 2-1-20）。

图 2-1-20

（8）电刷弹簧弹力状态检测（见图 2-1-21）。

（9）单向离合器检测（见图 2-1-22）。

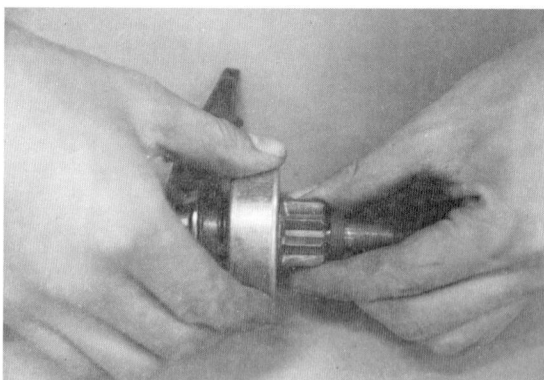

图 2-1-21　　　　　　　　　图 2-1-22

（10）电刷架绝缘状态检测（见图 2-1-23）。

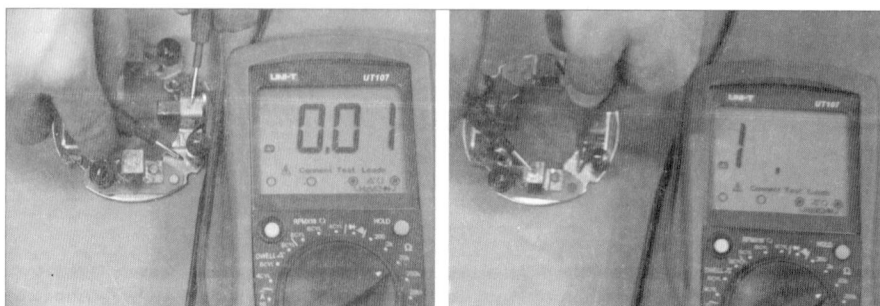

图 2-1-23

（11）电磁开关检测（见图 2-1-24）。

图 2-1-24

检测结果填入表 2-1-3。

表 2-1-3　检测结果

检查项目	目测状态	
	正常	不正常
电枢轴径向圆跳动		
换向器		
换向器云母片槽深度		
换向器外径		
电枢绕组绝缘性能		
电枢绕组状态		
磁场绕组状态		
电刷磨损状态		
电刷弹簧弹力状态		
单相离合器		
绝缘电刷架		
电磁开关		

四、检验评估

根据任务完成情况，完成评估反馈表。

表 2-1-4 评估反馈表

评价维度	具体评价内容	分值标准	学生得分	教师评语及建议	企业导师评语及建议
目标理解与达成	明确学习任务目标和要求	10分			
知识掌握程度	起动机结构、功能理解；线圈状态分析熟练度	20分			
技能操作能力	拆卸与组装起动机的熟练度；零部件检测与故障判断能力	30分			
工作流程遵循度	遵循工作流程，自我检查	10分			
资源利用效率	维修手册查阅、车辆及工具使用情况	5分			
实际应用能力	在模拟实际场景下的问题解决能力	10分			
团队协作与沟通	团队合作角色扮演及信息交流效果	5分			
记录与报告	过程记录详尽准确，工作页填写质量	5分			
自我反思与改进	针对问题深度思考，提出改进措施	5分			
安全规范遵守	操作过程中的安全意识与规范操作	10分			
企业实践对接	对企业环境适应性及企业标准遵循情况	5分			

教师签字：＿＿＿＿＿＿＿＿＿＿＿＿ 日期：＿＿＿＿＿＿＿＿＿＿＿＿＿＿

学生自评：我对自己的表现满意/有待提高的地方是 ＿＿＿＿＿＿＿＿＿＿＿＿

学生签字：＿＿＿＿＿＿＿＿＿＿＿＿ 日期：＿＿＿＿＿＿＿＿＿＿＿＿＿＿

企业导师签字：＿＿＿＿＿＿＿＿＿＿ 日期：＿＿＿＿＿＿＿＿＿＿＿＿＿＿

注：根据学生的实际表现，在"学生得分"栏填入对应项目的具体得分；教师和企业导师在"评语及建议"栏提供具体的点评以及改进建议。

学习活动 2 发电机分解维修

【学习目标】

（1）知道硅整流发电机的结构；

（2）知道硅整流发电机的功能；

（3）能熟练掌握发电机的拆装方法；

（4）能熟练掌握发电机的检测方法；

（5）能在作业过程中实施自我检查，做好过程记录；

（6）能对相关资料、互联网资源进行检索，完成工作页的填写。

发电机分解维修

【建议学时】

12 学时。

【学习准备】

汽车发电机相关资料、维修手册、万用表等。

【学习信息收集】

一、发电机的功用和类型

1. 发电机的功用

充电系统就是将发动机一部分机械能转变为电能的装置，一般由发电机、蓄电池、调节器、点火开关、充电指示灯等组成，如图 2-2-1 所示。

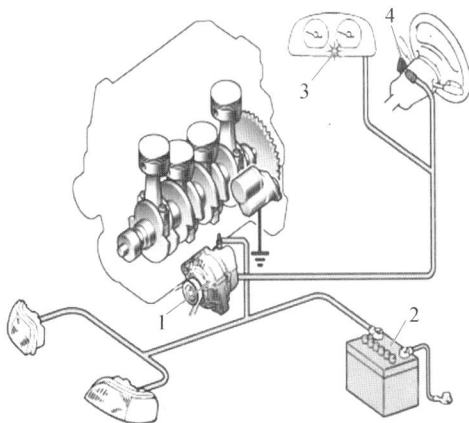

1—发电机；2—蓄电池；3—充电指示灯；4—点火开关。

图 2-2-1 充电系统的组成

充电系统最重要的部件是产生电能的交流发电机，如图 2-2-2 所示。发电机是汽车电气系统的电源，由发动机曲轴 V 形带轮通过 V 形带驱动，在发动机正常工作时，发电机为所有用电设备供电，并向蓄电池充电，以补充蓄电池在使用中所消耗的电能；其次为控制发电机最高输出电压的调节器；另外，还有指示充电系统工作是否正常的指示灯或电流表，以及连接各电器部件的导线等。

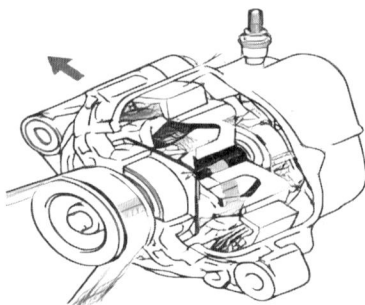

图 2-2-2　交流发电机外形

2. 发电机的型号

根据中华人民共和国汽车行业标准《汽车电气设备产品型号编制方法》（QC/ T73—1993）的规定，汽车交流发电机的型号主要由五部分组成，如图 2-2-3 所示。

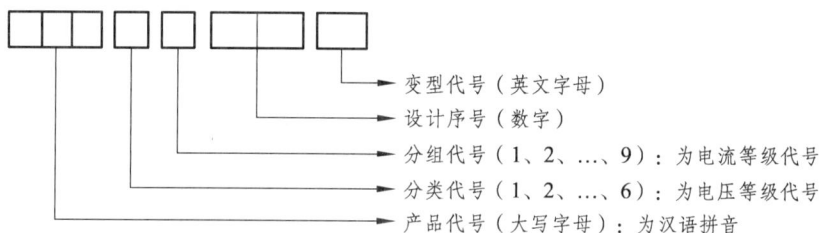

变型代号（英文字母）
设计序号（数字）
分组代号（1、2、...、9）：为电流等级代号
分类代号（1、2、...、6）：为电压等级代号
产品代号（大写字母）：为汉语拼音

图 2-2-3　发电机的型号

（1）产品代号。交流发电机的产品代号有 JFJFZ、JFB 和 JFW 共 4 种，分别表示交流发电机、整体式交流发电机、带泵交流发电机和无刷交流发电机，字母 J、F、Z、B 和 W 分别为 "交""发""整""泵"和"无"字的汉语拼音第一个大写字母。

（2）电压等级代号。交流发电机的电压等级代号用一位阿拉伯数字表示，其含义见表 2-2-1。

表 2-2-1　发电机电压等级代号（单位：V）

电压等级代号	1	2	3	4	5	6
电压等级	12	24	—	—	—	6

（3）电流等级代号。交流发电机的电流等级代号用一个阿拉伯数字表示，其含义分别见表 2-2-2。

（4）设计序号。设计序号按产品设计先后顺序，由 1~2 位阿拉伯数字组成。

（5）变形代号。交流发电机以调整臂位置作为变形代号。从驱动端看，在中间不加标记，在左边时用 Z 表示，在右边时用 Y 表示。

表 2-2-2　发电机电流等级代号　　　　（单位：A）

类型	等级代号								
	1	2	3	4	5	6	7	8	9
交流发电机 整体式交流发电机 带泵交流发电机 无刷交流发电机 永磁交流发电机	~ 19	≥20 ~ 29	≥30 ~ 39	≥40 ~ 49	≥50 ~ 59	≥60 ~ 69	≥70 ~ 79	≥80 ~ 89	≥90

　　例如，JF152 表示交流发电机，其电压等级为 12 V，电流等级为 ≥50 ~ 59 A。第二次设计桑塔纳、奥迪 100 型乘用车用的 JFZ1913Z 型交流发电机是电压等级为 12 V，电流等级为 ≥90 A，第 13 次设计，调整臂在左边的整体式交流发电机。

二、交流发电机的结构

　　交流发电机主要由定子、转子、整流器、前盖板、电刷、后盖板等组成，如图 2-2-4 所示。

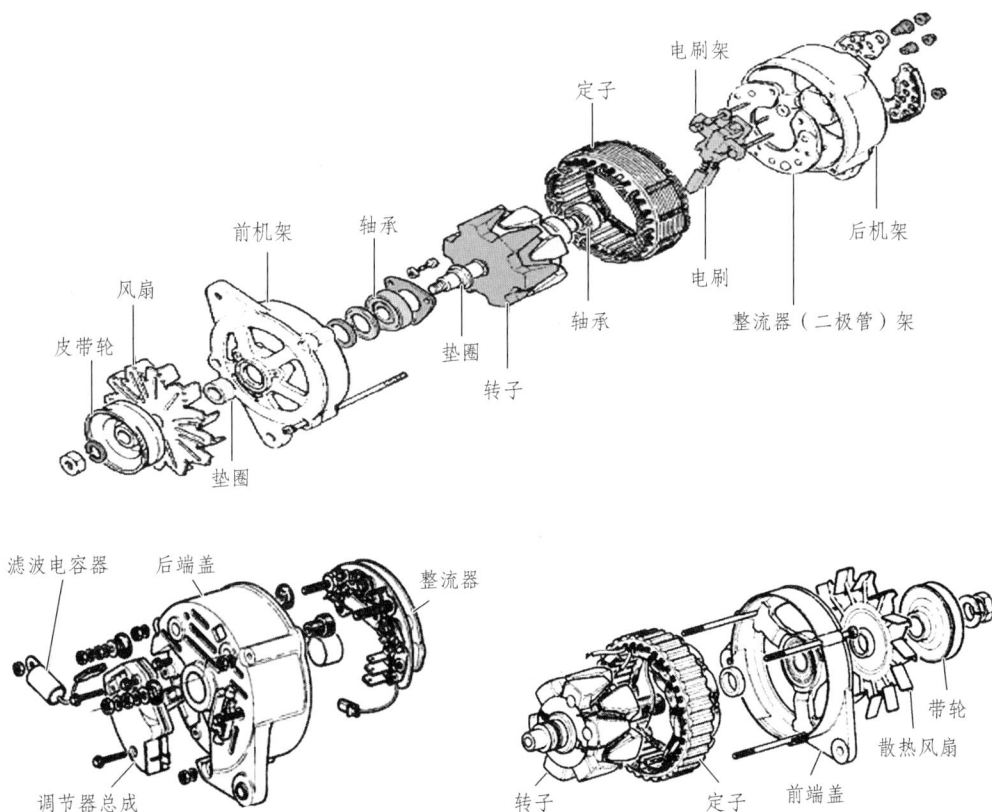

图 2-2-4　交流发电机的结构

1. 定子

交流发电机的定子又叫电枢，用于产生交流电动势的，由定子线圈及硅钢片叠成的定子铁芯组成，两端为铝制的端盖所支撑，是外壳部分，其结构如图 2-2-5 所示。

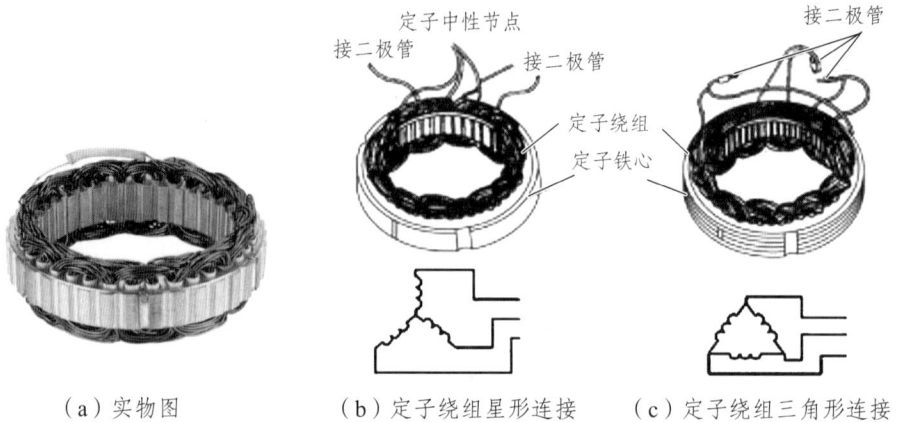

（a）实物图　　　　（b）定子绕组星形连接　　　（c）定子绕组三角形连接

图 2-2-5　交流发电机定子及绕组连接方式

定子铁芯由许多涂有绝缘漆的硅钢片叠成，内有直槽，以容放定子线圈，槽数为转子磁极数的三倍。

定子线圈由漆包线绕成，共有三组线圈，每组线圈由与转子磁极数相等数量的线圈串联而成。定子绕组的接法有星形（Y 形）、三角形（Δ）两种方式。发电机一般采用星形连接，即每相绕组的首端分别与整流器的硅二极管相接，作为交流发电机的输出端，每相绕组的尾端接在一起，形成中性点 N。

2. 转子

交流发电机的转子是用于建立磁场的，主要由磁极、磁场线圈、集电环和轴等组成，如图 2-2-6 所示。两块爪形磁极交叉组合在一起，一边为 N 极，另一边为 S 极，NJS 极相间排列一般为 8～16 极。磁场线圈在内部被磁极包围，两端以轴承支持在端壳上，前端装有 V 形带轮，由发动机曲轴通过 V 形带驱动，使转子在定子中旋转。

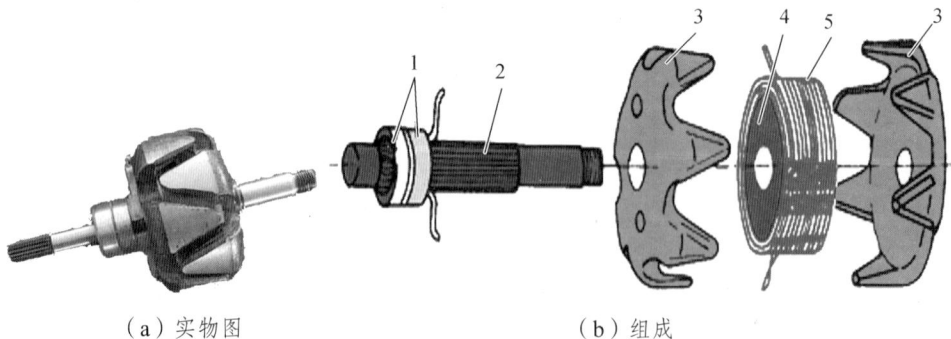

（a）实物图　　　　　　　　　　　（b）组成

1—集电环；2—转子轴；3—爪极；4—磁轭；5—磁场绕组。

图 2-2-6　交流发电机的转子

磁场线圈以细的漆包线绕成，线的两端各接在一个集电环上，与轴及磁极有良好绝缘。集电环装在转子轴的一端，以黄铜或铜制成，与轴绝缘，供电流输入磁场线圈用。

转子线圈电流的流动回路如下：

由调节器来的电流→电刷→集电环→磁场线圈→集电环→电刷→搭铁。

3. 整流器

整流器的作用是将定子绕组产生的三相交流电变成直流电输出，其构造如图 2-2-7 所示。3 个正极整流二极管装在一块金属板上成为正整流板，3 个负极整流二极管装在另一块金属板上成为负整流板，两块整流板装在铝制的端盖上。

（a）实物图

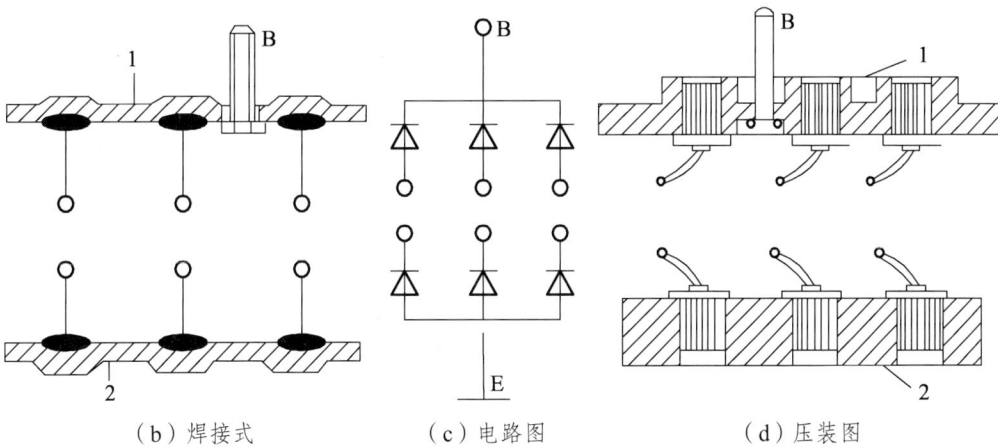

（b）焊接式　　　　　（c）电路图　　　　　（d）压装图

图 2-2-7　整流器的构造

整流二极管为大功率的二极管，正、负极整流二极管的外形一样，在外壳上有记号注明电流方向，正极整流管用红色、负极整流管用黑色字注明规格。

整流器必须散热良好，如果温度过高（超过 150 ℃）将会失去整流作用。因此整流器安装在端壳的通风口上，利用风扇强制通风冷却。

有些交流发电机的整流器采用 9 只二极管，增加的是 3 只小功率磁场二极管，专门用来供给励磁电流，这样可以提高发电机的电压调节精度。采用磁场二极管后，仅用简单的充电警告灯即可指示发电机的发电情况。

另外，有些交流发电机为了提高中性点电压，提高发电机输出功率，增加了两只二极管对中性点电压进行整流，汇入发电机的输出端。同时具备上述两种功能的发电机整流器共有 11 只整流二极管。

4. 电刷与电刷架

两只电刷装在电刷架的方孔内，利用弹簧的压力使其与集电环保持良好的接触。电刷与电刷架的结构有外装式和内装式两种，其构造如图 2-2-8 所示。

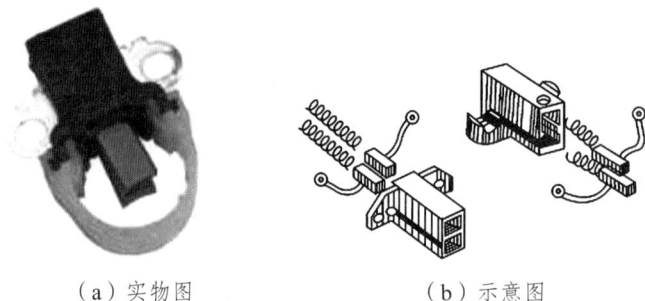

（a）实物图　　　　　　　（b）示意图

图 2-2-8　电刷与电刷架

5. 前、后端盖

发电机的前、后端盖使用不导磁的铝合金制成，用以支撑转子与定子，并用固定架安装于发动机上。端盖上有通风孔，让冷却空气通过。后端盖上安装有整流器、电刷架、输出接头及轴承等。

6. V 形带轮及风扇

V 形带轮装在转子轴的前端，由发动机曲轴通过 V 形带驱动，如图 2-2-9 所示，风扇装在转子轴的前端或发电机的内部，以冷却转子线圈及整流管等。

图 2-2-9　V 形带轮

三、交流发电机的工作原理

1. 电磁感应原理

电磁感应现象：闭合导体在磁场中运动并切割磁力线后，在导体内会有电流产生（见图 2-2-10）。

2. 发电原理

发电机工作时转子线圈中有电流通过，产生磁场。安装于转子轴上的两块爪极被磁化为 N 极和 S 极。

当转子旋转时，因定子绕组与磁力线之间产生相对运动，定子切割磁力线，并在三相定子绕组中感生出频率相同、幅值相等、相位互差 120° 的交流电动势（见图 2-2-11）。

3. 整流原理

同时导通的二极管总是有两个，正、负管子各一个。三相桥式整流电路中二极管的依次循环导通，使得负载两端得到一个比较平稳的脉动直流电压（见图 2-2-12）。

负载电路

旋转磁场

磁铁插入

磁铁拔出

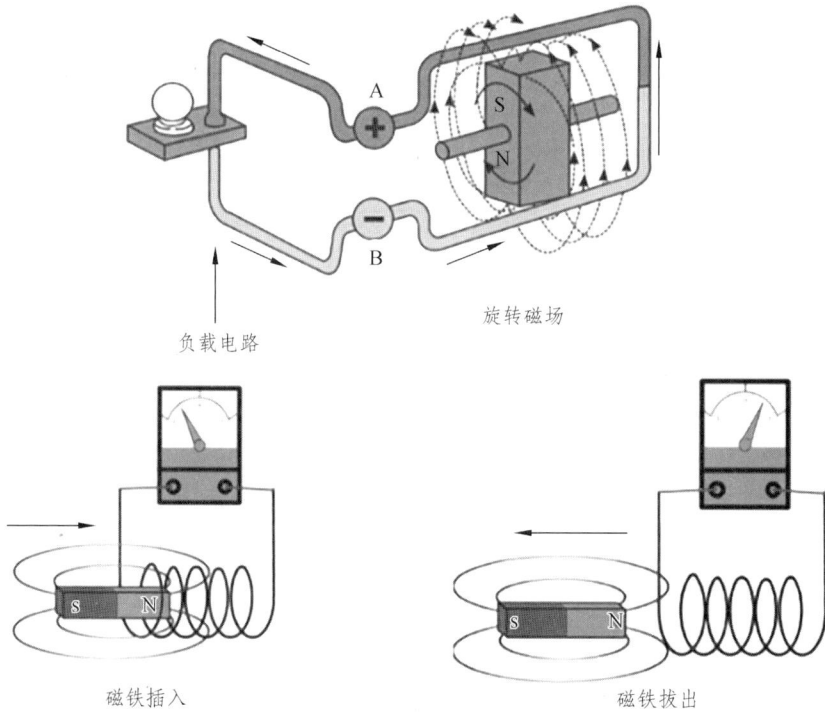

图 2-2-10　电磁感应现象

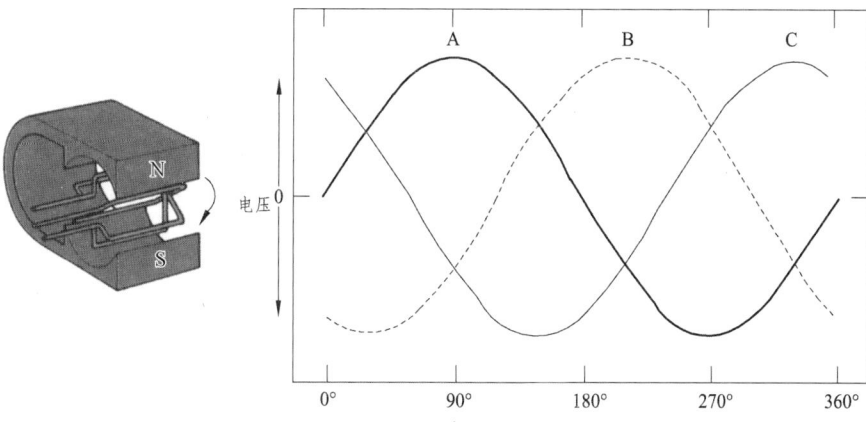

电压

0°　　90°　　180°　　270°　　360°

图 2-2-11　发电原理

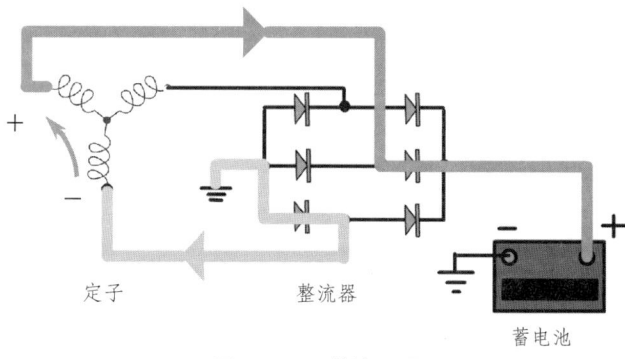

定子　　　　　整流器

蓄电池

图 2-2-12　整流原理

4. 电压调节原理

发电机转子上的磁场绕组通电后会产生电磁场，磁场的强度与流过磁场绕组电流成正比，即电流强度增大，磁场强度也相应的增大，反之，电流强度减小磁场强度也相应的减小（见图 2-2-13）。

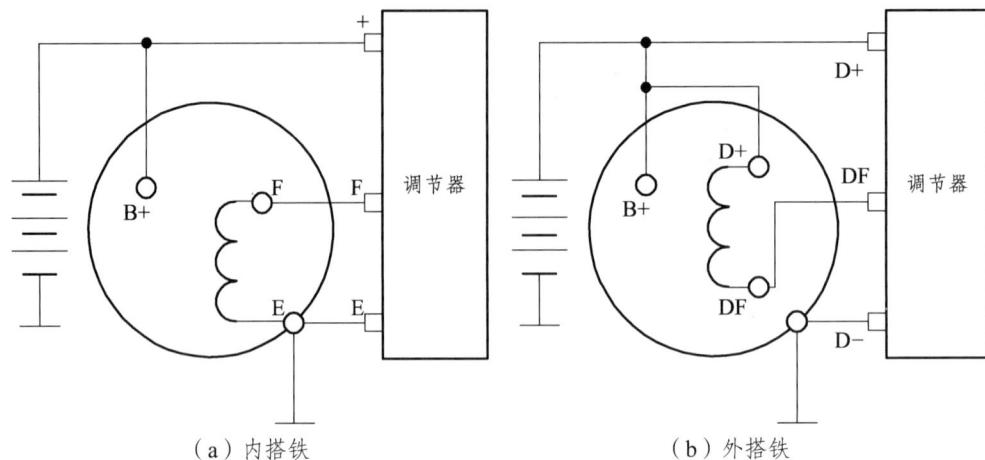

（a）内搭铁 　　　　　　　　　　　（b）外搭铁

图 2-2-13　电压调节原理

四、交流发电机的励磁方式

交流发电机励磁过程是先他励后自励。当发动机达到正常怠速转速时，发电机的输出电压一般高出蓄电池电压 1~2 V，以便对蓄电池充电，此时由发电机自励发电。

【学习过程】

一、任务分工

表 2-2-3　任务分工

小组编号：

学生姓名	任务分工	工具设备准备	备注
			组长

二、任务策划

根据任务，小组进行讨论，确定工作方案并记录。

（1）发电机的解体；

（2）发电机的检测；

（3）完成检测报告。

三、实施计划

1. 发电机解体

（1）拆卸皮带轮（见图 2-2-14）

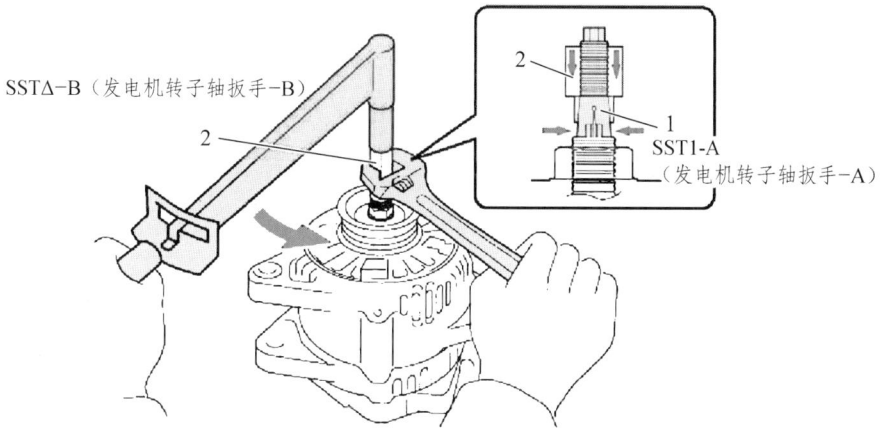

图 2-2-14

（2）拆卸整流器（见图 2-2-15）。

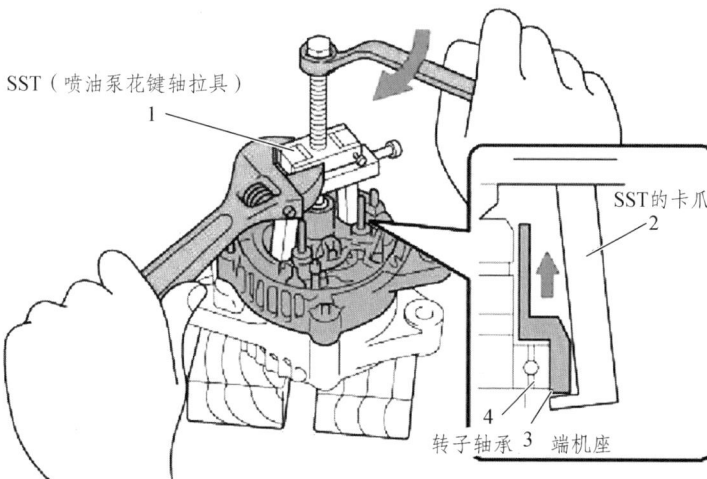

图 2-2-15

（3）拆卸发电机转子（见图 2-2-16）。

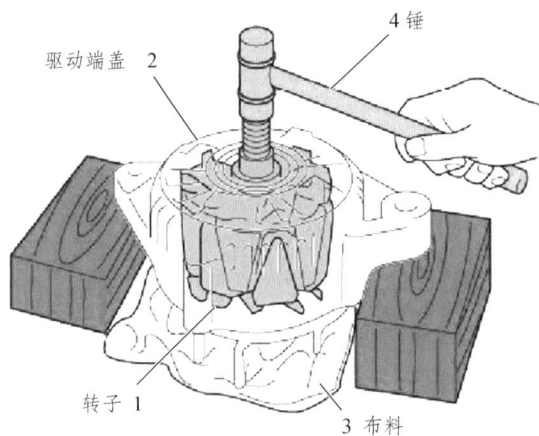

图 2-2-16

2. 发电机检测

（1）目视、外观检测（见图 2-2-17）。

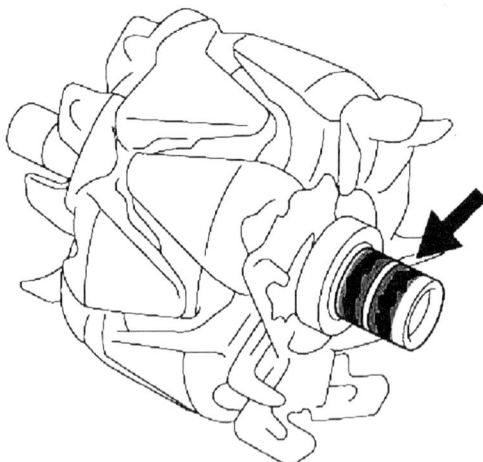

图 2-2-17

（2）滑环间短路检测（见图 2-2-18）。

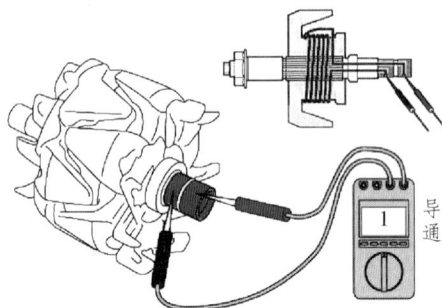

图 2-2-18

（3）滑环与转子绝缘性能检测（见图 2-2-19）。

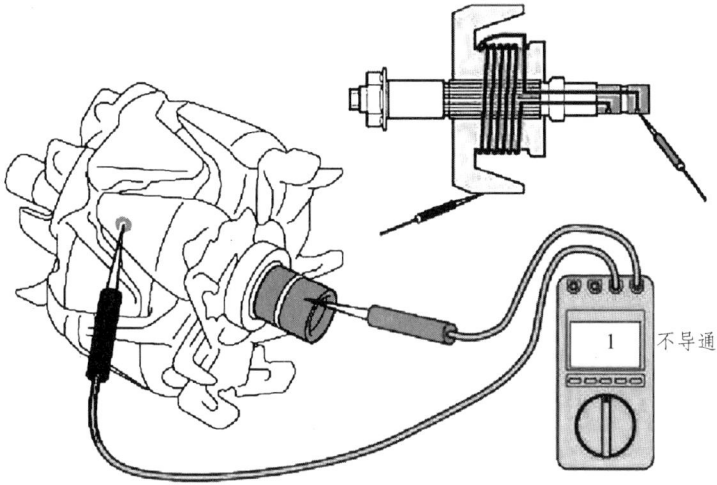

图 2-2-19

（4）滑环磨损检测（见图 2-2-20）。

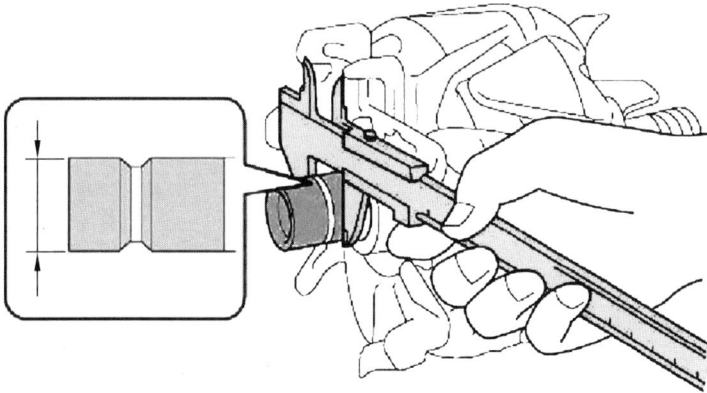

图 2-2-20

（5）整流器的检测（见图 2-2-21）。

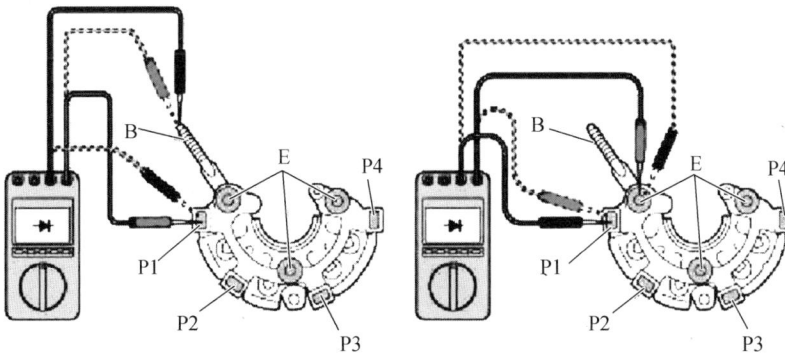

图 2-2-21

（6）碳刷的检测（见图2-2-22）。

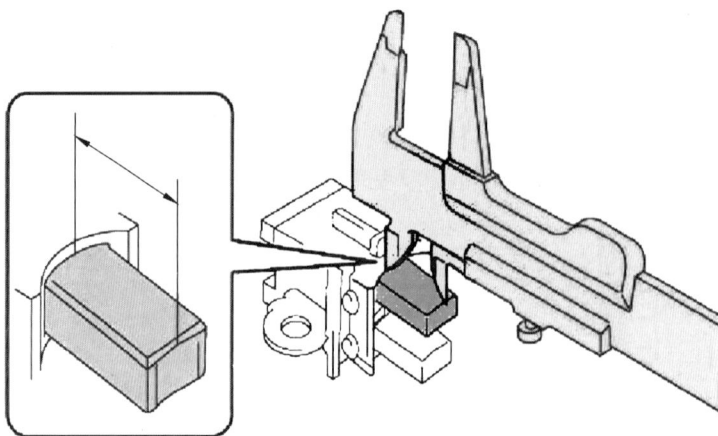

图2-2-22

检测结果填入表2-2-4。

表2-2-4　检测结果

检查项目	检测结果		
	正常	不正常	处理措施
外观			
滑环短路			
绝缘性能			
滑环磨损			
整流器			
碳刷			

四、检验评估

根据任务完成情况，完成评估反馈表。

表2-2-5　评估反馈表

评价维度	具体评价内容	分值标准	学生得分	教师评语及建议	企业导师评语及建议
目标理解与达成	明确学习任务目标和要求	10分			
知识掌握程度	起动机结构、功能理解；线圈状态分析熟练度	20分			
技能操作能力	拆卸与组装起动机的熟练度；零部件检测与故障判断能力	30分			
工作流程遵循度	遵循工作流程，自我检查	10分			

评价维度	具体评价内容	分值标准	学生得分	教师评语及建议	企业导师评语及建议
资源利用效率	维修手册查阅、车辆及工具使用情况	5分			
实际应用能力	在模拟实际场景下的问题解决能力	10分			
团队协作与沟通	团队合作角色扮演及信息交流效果	5分			
记录与报告	过程记录详尽准确，工作页填写质量	5分			
自我反思与改进	针对问题深度思考，提出改进措施	5分			
安全规范遵守	操作过程中的安全意识与规范操作	10分			
企业实践对接	对企业环境适应性及企业标准遵循情况	5分			

教师签字：_____ 日期：_____

学生自评：我对自己的表现满意/有待提高的地方是 _____

学生签字：_____ 日期：_____

企业导师签字：_____ 日期：_____

注：根据学生的实际表现，在"学生得分"栏填入对应项目的具体得分；教师和企业导师在"评语及建议"栏提供具体的点评以及改进建议。

学习活动 3　充电电路检测维修

【学习目标】

（1）能正确选用示波器；
（2）能熟练使用示波器；
（3）能正确分析电路图；
（4）能正确测出发电机控制波形图；
（5）能在作业过程中实施自我检查，做好过程记录；
（6）能对相关资料、互联网资源进行检索，完成工作页的填写。

充电电路检测维修

【建议学时】

8 学时。

【学习准备】

维修手册、车辆、示波器、常用工具等。

【学习信息收集】

一、汽车充电系统主要的三个阶段

1. 未启动发动机时

在未启动发动机时，汽车上除起动系外，所有用电设备均由蓄电池供电，为了提醒驾驶员节约蓄电池的电量，这时充电指示灯亮。

2. 起启发动机时

在启动发动机时，主要由蓄电池向起动系统和点火系统供电，继而使起动机工作，带动发动机运转，发动机再带动发电机运转工作。因此，在启动瞬间充电指示灯亮。

3. 发动机正常运行时

在启动完成后，由发电机为汽车上的用电设备供电，并对蓄电池充电，这时充电指示灯应该熄灭。

二、充电系统的作用

充电系统示意图如图 2-3-1 所示。
发电机：主要电源，向供电设备供电和向蓄电池充电
调节器：调节电压
充电状态指示灯：指示充电系统的工作情况（见图 2-3-2）。

图 2-3-1　充电系统示意

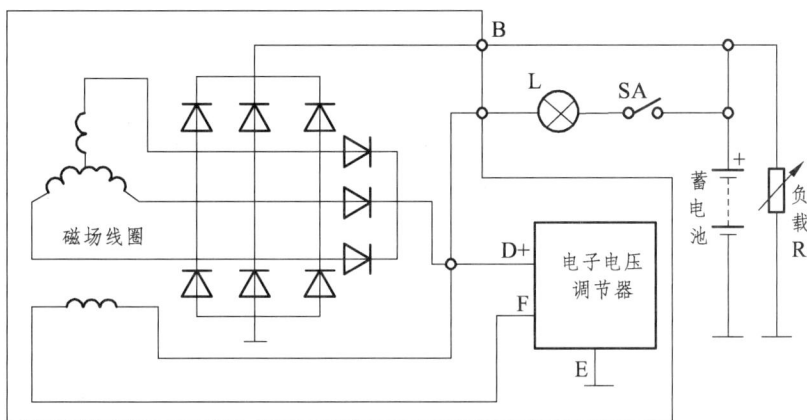

图 2-3-2　充电状态指示灯

三、充电系统的工作原理

励磁电路如图 2-3-3 所示。

（1）他励。

在发动机起动期间，需要蓄电池供给发电机磁场电流生磁使发电机发电。这种供给磁场电流的方式称为他励发电。

（2）自励。

随着转速的提高，发电机的电动势逐渐升高并能对外输出，一般在发动机怠速时发电机就能对外供电了，当发电机能对外供电时，就可以把自身发的电供给磁场绕组生磁发电，这种供给磁场电流的方式称为自励。

四、正确使用示波器

查阅教材及相关网络信息，了解博世 FSA 740 发动机分析仪使用说明书。

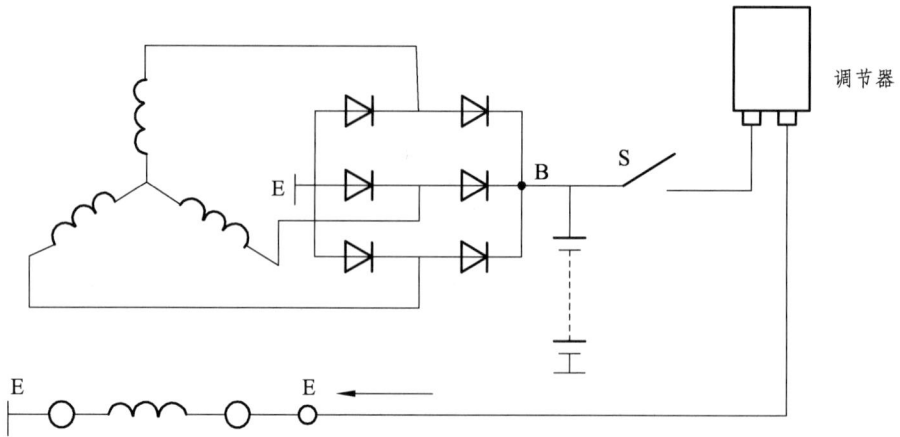

图 2-3-3　励磁电路

五、正确查找车辆维修手册

查阅教材及相关网络信息，查阅车辆维修手册。

知晓汽车交流发电机是汽车中的一个重要部件，主要功能是将汽车发动机产生的旋转动力转化为电能，供给车辆的电气设备使用，同时也为汽车电池充电。

六、正确查找发电机控制原理

查阅教材及相关网络信息，了解车辆电路图（见图 2-3-4 ~ 图 2-3-6 ）。

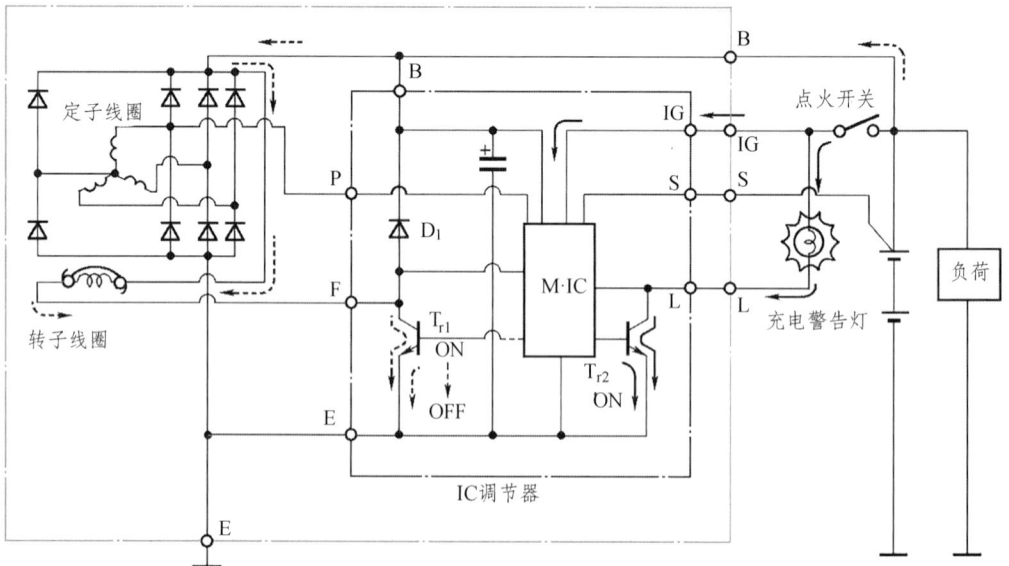

图 2-3-4　发动机停机钥匙 ON 状态

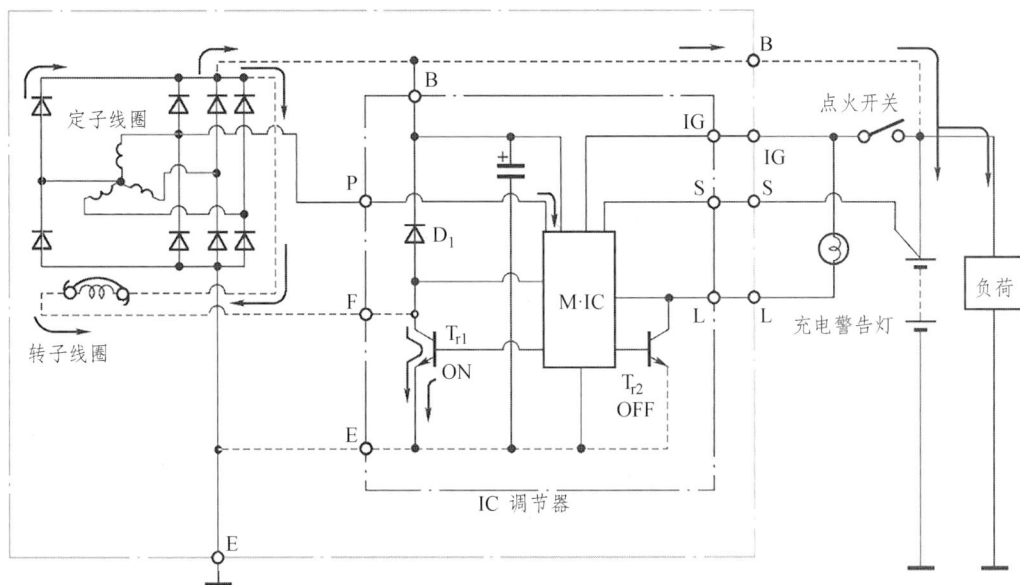

图 2-3-5　发电机正常发电且电压低于规定电压

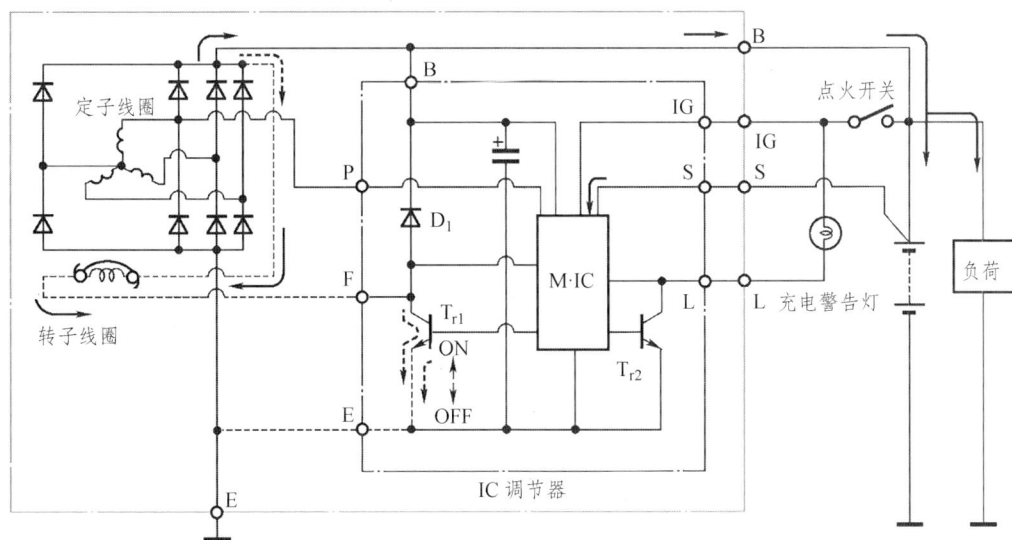

图 2-3-6　发电机正常发电且电压高于规定电压

【学习过程】

一、任务分工

表 2-3-1　任务分工

小组编号：

学生姓名	任务分工	工具设备准备	备注
			组长

二、制订充电电路检测计划

1. 电压降测试

（1）绝缘电路的电压降（见图 2-3-7）。

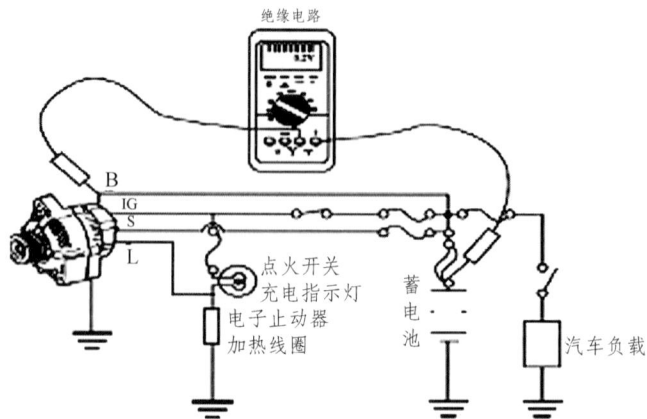

图 2-3-7　绝缘电路的电压降检测

（2）接地电路的电压降（见图 2-3-8）。

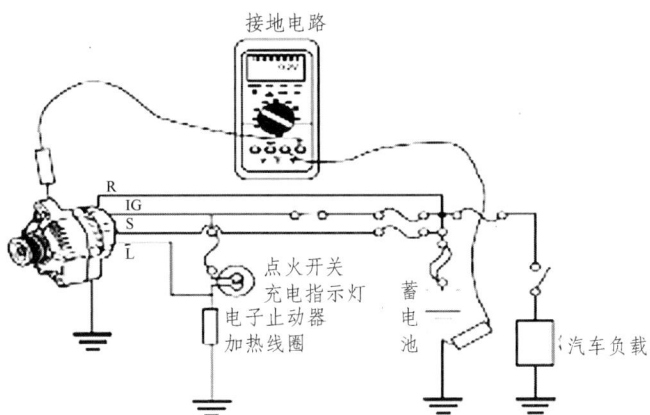

图 2-3-8　接地电路的电压降检测

2. 常见故障及其原因

表 2-3-2　常见故障及其原因

常见故障现象	故障原因
发动机正常工作时充电指示灯仍亮	发电机没有发电
发动机启动后,充电指示灯亮,发动机高速时,充电指示灯熄灭	发电机发电量低
汽车运行时,经常烧灯泡、熔丝及各种开关等电器设备	发电机发电量
打开点火开关时,充电指示灯不亮	充电指示灯故障
当汽车运行时,发动机或传动带有异响	轴承或传动带或其他运动件故障

工作任务:正确使用博世 FSA 740 发动机分析仪,找出故障点,记录故障元件相关信息,进行故障原因说明。

请写出你的工作方案。

三、计划实施

1. 准备工作及安全注意事项

（1）工装穿着整洁，戴好工作手套。根据实际需要佩戴个人防护装备，如护目镜、防护手套、耳塞、安全帽等。

（2）车辆进入工位并可靠停驻（由指导教师操作）。在开始任何维修操作之前，确保车辆熄火且点火钥匙已被取下，以防止意外启动。

（3）准备好工具器材。使用设备前，务必详细阅读使用说明书，严格按照规程操作。

（4）准备好相关维修信息资料，维修车辆维修手册。

（5）保持实训场所整洁，工具和器材放置有序，避免绊倒和误触。

（6）发现安全隐患或事故苗头，立即停止作业并向指导教师报告。

2. 实施过程

（1）选择通道连接车辆（见图 2-3-9 ~ 图 2-3-12）。

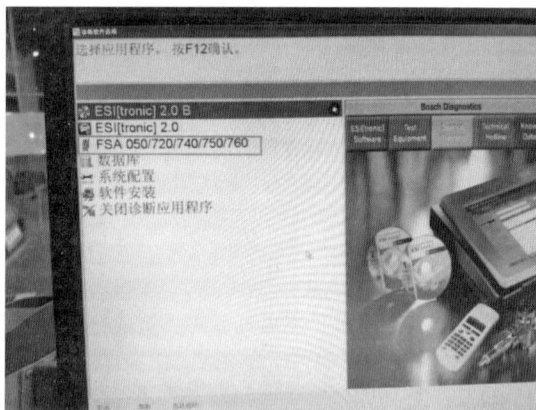

图 2-3-9　启动主机进入程序选择 740

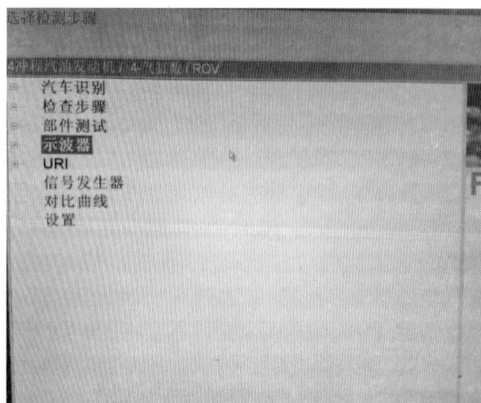

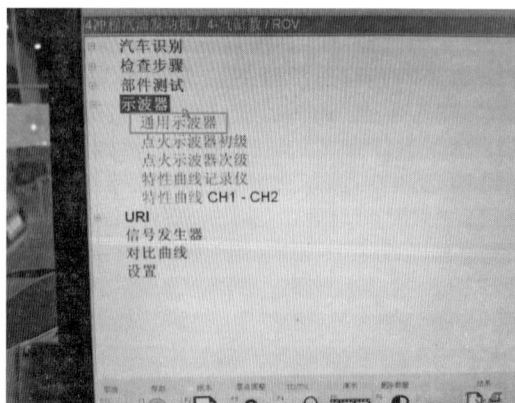

图 2-3-10　选择通用示波器

图 2-3-11　进入主界面

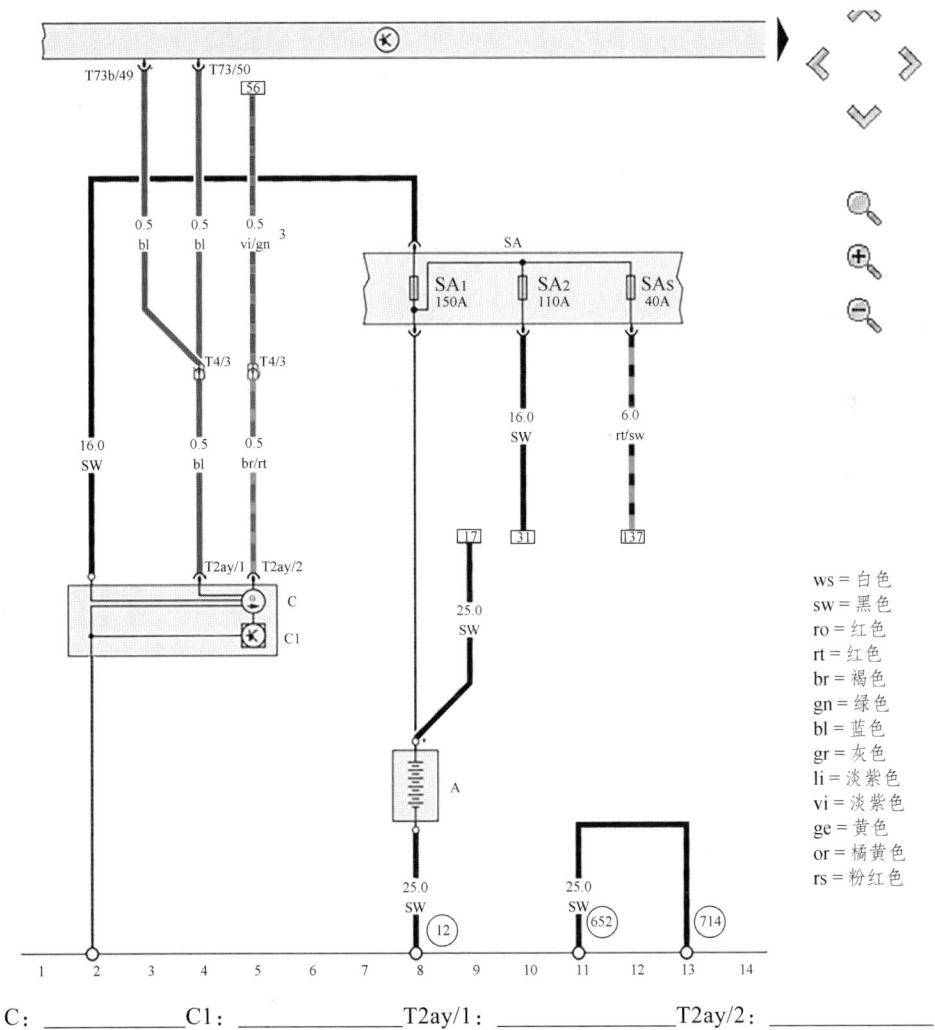

ws = 白色
sw = 黑色
ro = 红色
rt = 红色
br = 褐色
gn = 绿色
bl = 蓝色
gr = 灰色
li = 淡紫色
vi = 淡紫色
ge = 黄色
or = 橘黄色
rs = 粉红色

C:　　　　　　　C1:　　　　　　　T2ay/1:　　　　　　　T2ay/2:

图 2-3-12　连接车辆

（2）检测发电机控制波形图（见图2-3-13）。

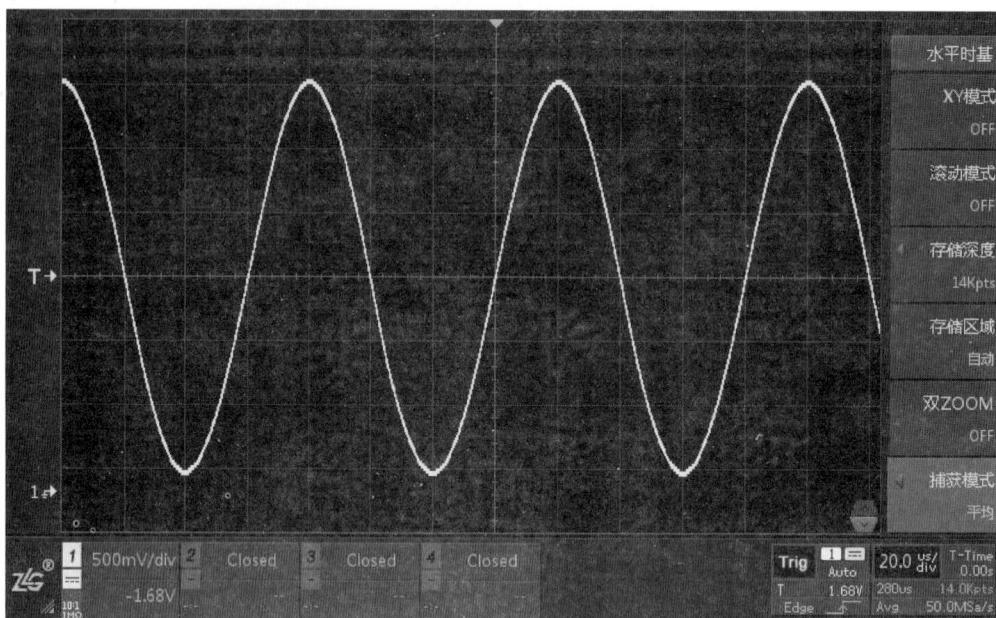

图2-3-13　检测发电机控制波形图

暂停后可以观察并分析当前波形图（文字内容无变化，仅更换图片）

分析结论：_____

_____

_____

_____

四、检验评估

根据任务完成情况，完成评估反馈表。

表2-3-3　评估反馈表

评价维度	具体评价内容	分值标准	学生得分	教师评语及建议	企业导师评语及建议
目标理解与达成	明确学习任务目标和要求	10分			
知识掌握程度	发电机控制原理掌握度；电路图识别度	20分			
技能操作能力	示波器使用熟练度 零部件检测与故障判断能力	30分			
工作流程遵循度	遵循工作流程，自我检查	10分			
资源利用效率	维修手册查阅、车辆及工具使用情况	5分			

评价维度	具体评价内容	分值标准	学生得分	教师评语及建议	企业导师评语及建议
实际应用能力	在模拟实际场景下的问题解决能力	10分			
团队协作与沟通	团队合作角色扮演及信息交流效果	5分			
记录与报告	过程记录详尽准确，工作页填写质量	5分			
自我反思与改进	针对问题深度思考，提出改进措施	5分			
安全规范遵守	操作过程中的安全意识与规范操作	10分			
企业实践对接	对企业环境适应性及企业标准遵循情况	5分			

教师签字：_____ 日期：_____

学生自评：我对自己的表现满意/有待提高的地方是 _____

学生签字：_____ 日期：_____

企业导师签字：_____ 日期：_____

注：根据学生的实际表现，在"学生得分"栏填入对应项目的具体得分；教师和企业导师在"评语及建议"栏提供具体的点评以及改进建议。

学习活动 4 起动充电性能检测

【学习目标】

（1）能够查阅电路图；

（2）能熟练分析电路图的连接方式与特点；

（3）能正确测出发电机控制波形图；

（4）能在作业过程中实施自我检查，做好过程记录；

（5）能对相关资料、互联网资源进行检索，完成工作页的填写。

起动充电电性能检测

【建议学时】

8 学时。

【学习准备】

维修手册、车辆、起动机、常用工具等。

【学习信息收集】

一、起动机的正确使用

（1）使用起动机时，每次工作时间不得超过 5 s。反复起动时必须间隔 15 s 以上。

（2）起动机电路的导线连接要牢固，导线的截面积不应太小。

（3）在发动机启动后迅速松开点火钥匙，当发动机正常运转时，切勿随便接通点火开关至起动挡。

（4）应尽可能使蓄电池处于充足电的状态，以保证起动机正常工作时的电压和容量，从而减少起动机重复工作的时间。

（5）应定期对起动机进行全面的保养和检修。

二、起动系统的控制电路

1. 起动系统控制电路的构成

起动系统控制电路有两种形式：一种是不带起动继电器的（见图 2-4-1），另一种是带起动继电器的（见图 2-4-2）。无论是否带起动继电器，都可将起动系统控制电路分为两个部分：一部分是主电路，另一部分为控制电路。

图 2-4-1　不带起动继电器的起动系统控制电路

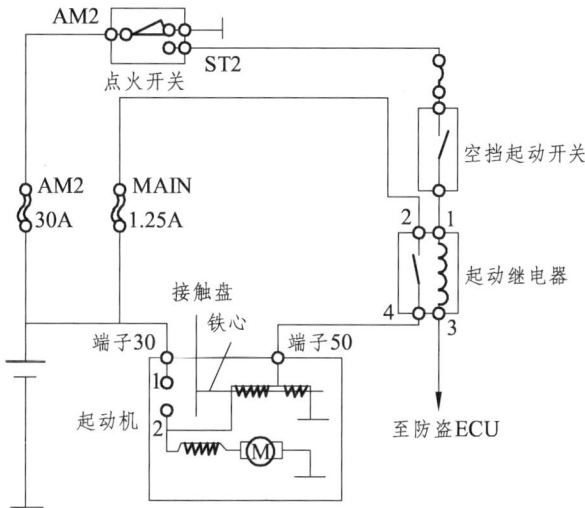

图 2-4-2　带起动继电器的起动系统控制电路

2. 典型无起动继电器的起动系统控制电路

桑塔纳轿车的起动系统即采用无起动继电器控制的起动系统控制电路，由点火开关直接控制，起动控制线经中央线路板的内部电路后直接与电磁开关连接（见图 2-4-3）。

3. 带空挡起动开关的起动系统控制电路

使用自动变速器的汽车，为了避免启动时汽车往前冲而造成安全隐患，起动控制电路中都装有空挡起动开关（见图 2-4-4）。汽车启动时，变速杆只有挂在停车挡或空挡（P/N 挡）时，起动继电器线圈才能得电使触点闭合，起动机才能进入工作状态。

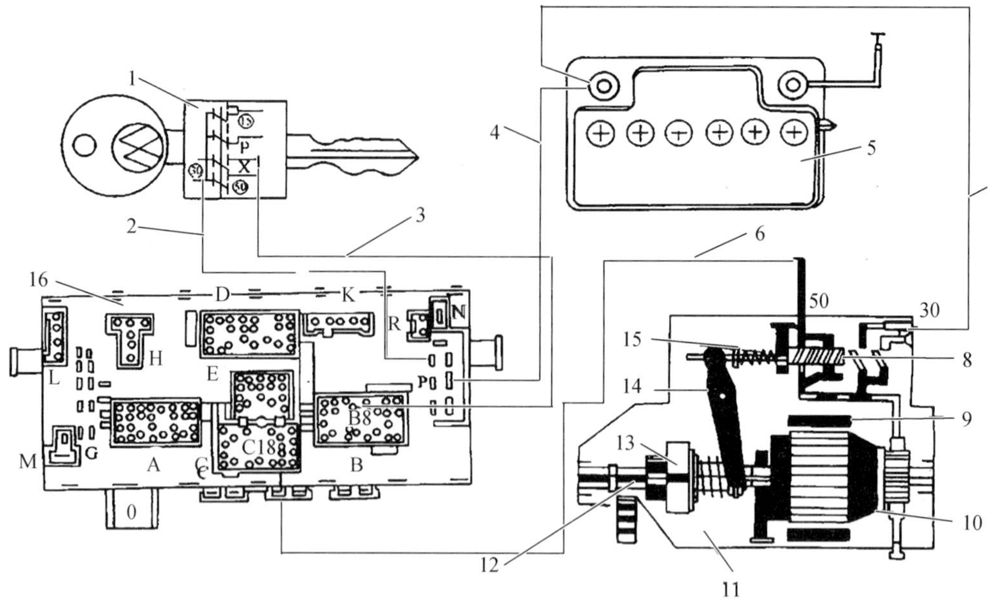

1—点火开关；2—红色导线；3—红黑色导线；4—红色导线；5—点火模块；6—红色导线；7—黑色导线；8—电磁开关；9—磁极；10—电枢；11—起动机总成；12—驱动齿轮；13—单向离合器；14—拨叉；15—复位弹簧。

图 2-4-3　桑塔纳轿车起动系统电路

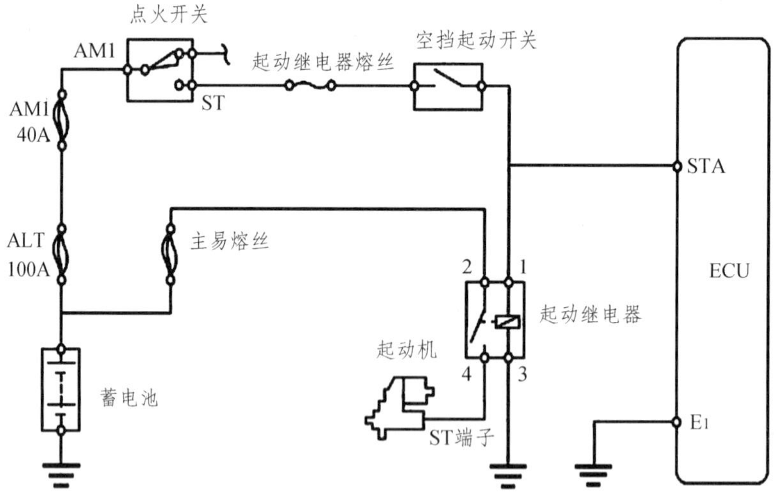

图 2-4-4　带空挡起动开关的起动控制系统电路

4. 带防盗装置的起动系统控制电路

当防盗警报电子控制单元（ECU）不工作时，切断起动继电器的触点常闭；当防盗警报 ECU 工作时，切断起动继电器的线圈有电流流过，触点打开，起动继电器控制电路被切断，起动机无法工作，起到防盗作用（见图 2-4-5）。

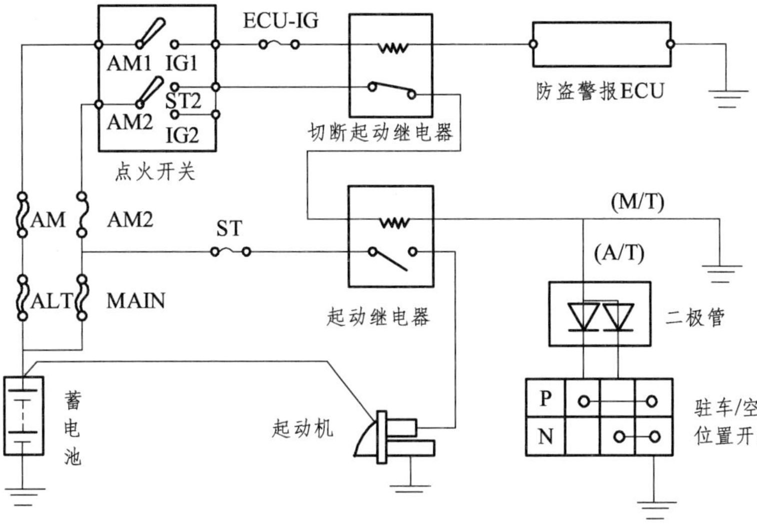

图 2-4-5　带防盗装置的起动系统控制电路

5. 带起动离合器踏板位置开关的起动系统控制电路

这种开关在踩下离合器踏板时闭合，接通起动控制电路，保证汽车安全起动（见图 2-4-6）。

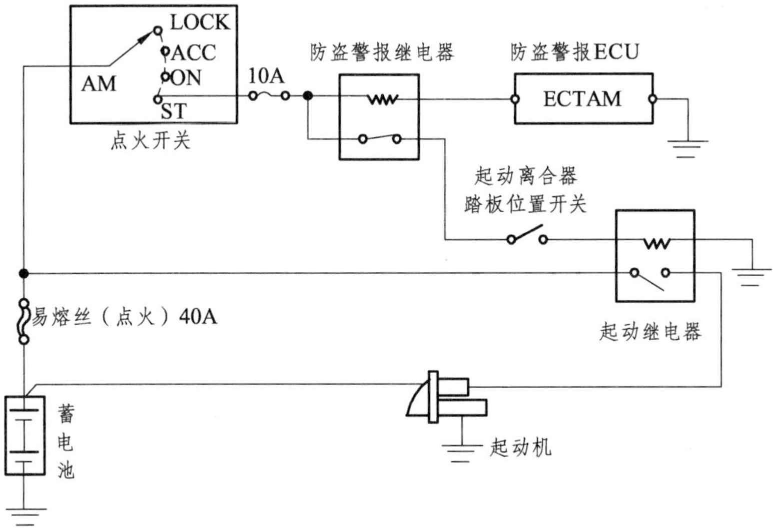

图 2-4-6　带起动离合器踏板位置开关的起动系统控制电路

三、汽车起动系统检测流程

汽车起动系统检测流程如图 2-4-7 所示。

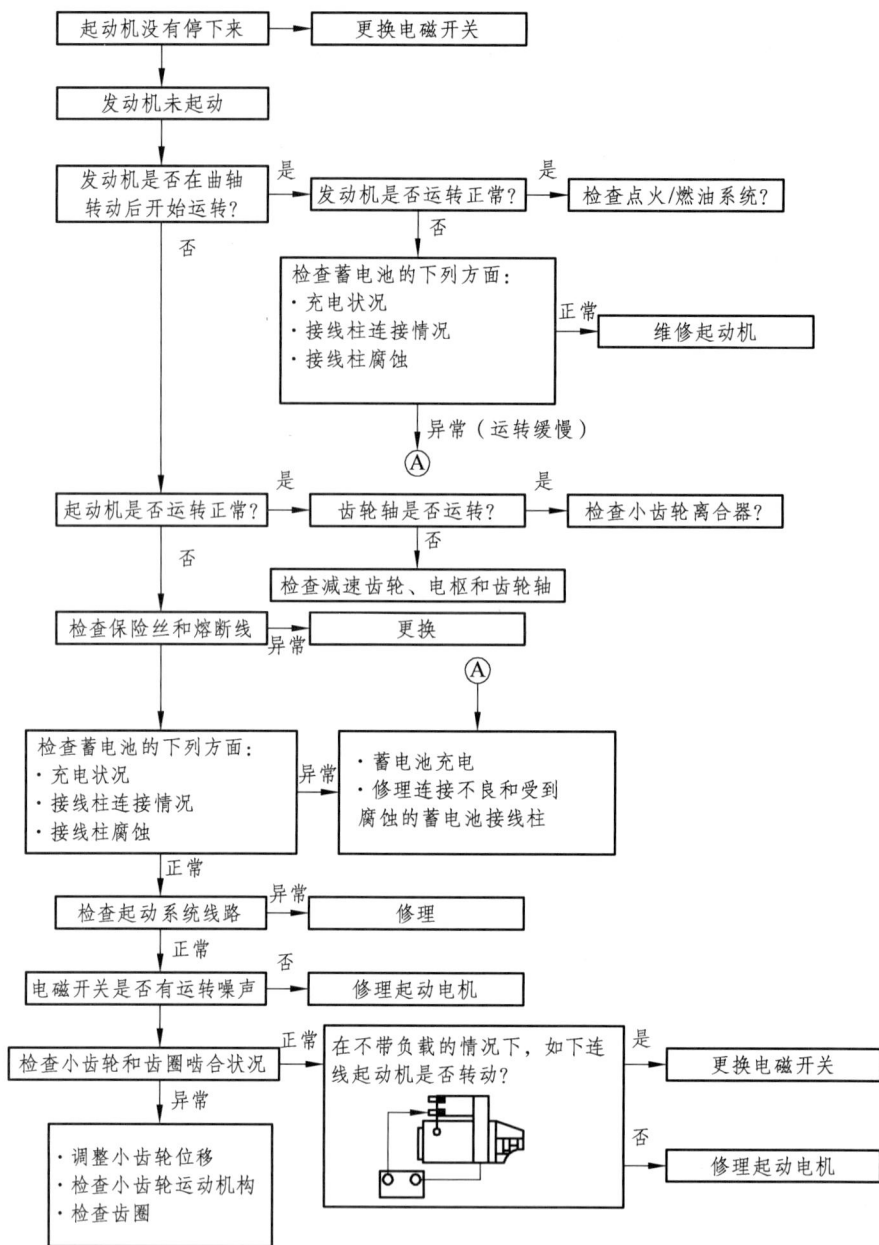

图 2-4-7　汽车起动系统检测流程

四、起动机外部电路

起动机外部电路如图 2-4-8 所示。

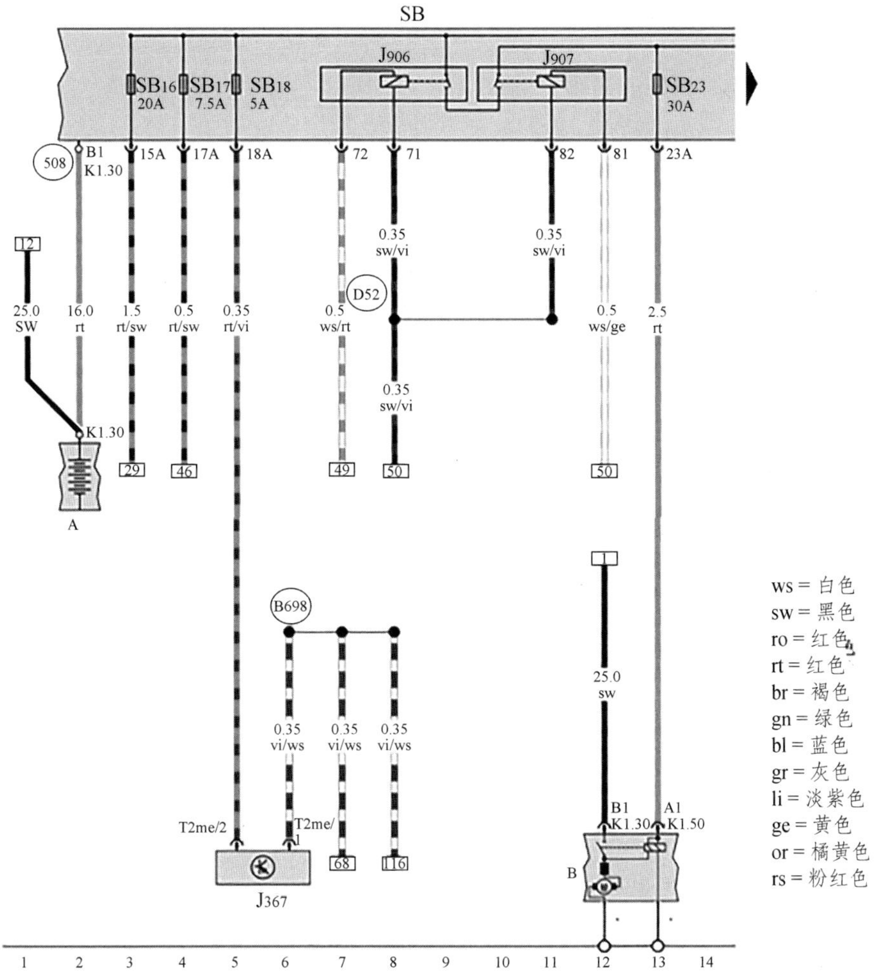

图 2-4-8　起动机外部电路

【学习过程】

一、任务分工

表 2-4-1　任务分工

小组编号：

学生姓名	任务分工	工具设备准备	备注
			组长

二、制定起动机检测计划

（1）常见起动机系统的故障诊断；

（2）起动机内部电路检测；

（3）起动机外部电路检测。

三、计划实施

1. 准备工作及安全注意事项

（1）工装穿着整洁，戴好工作手套。根据实际需要佩戴个人防护装备，如护目镜、防护手套、耳塞、安全帽等。

（2）车辆进入工位并可靠停驻（由指导教师操作）。在开始任何维修操作之前，确保车辆熄火且点火钥匙已被取下，以防止意外启动。

（3）准备好工具器材。使用设备前，务必详细阅读使用说明书，严格按照规程操作。

（4）准备好相关维修信息资料，维修车辆维修手册。

（5）保持实训场所整洁，工具和器材放置有序，避免绊倒和误触。

（6）发现安全隐患或事故苗头，立即停止作业并向指导教师报告。

2. 实施过程

（1）起动系统的线路检测。

汽车起动系统由蓄电池、点火开关、起动继电器、起动机及若干导线等组成（见图2-4-9）。当起动机关联线路发生故障时，应先从整体入手，通过万用表、试灯等检查线路连接，排除线路连接故障后，再进行起动机自身的检测。

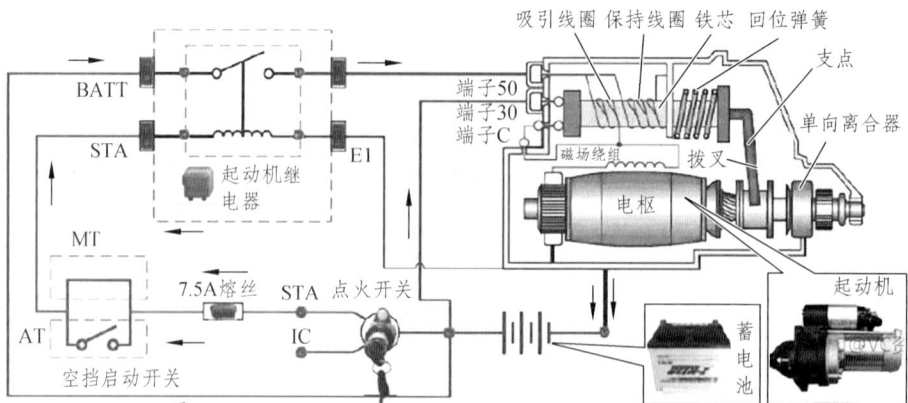

图 2-4-9 起动系统

（2）起动电压的检测。

起动电压检测是测量起动期间起动机的有效电压。应使发动机通过远程起动机开关将点火开关旁通。通常远程启动开关的一端连接到蓄电池正极端头，另一端通过继电器连接到起动机接线端（见图2-4-10）。

图 2-4-10 起动电压的检测

（3）搭铁电路的检测。

在起动过程中，可以用电压表检查起动机的电压降。电压降过大可能意味起动电路中的电阻过高。有三种检测电压降的连接方法。

① 如图 2-4-11 所示，汽车车架与蓄电池搭铁端之间连接。

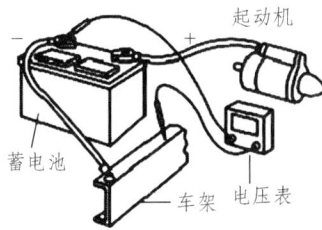

图 2-4-11 汽车车架与蓄电池搭铁端连接

② 如图 2-4-12 所示，车架与起动机外壳之间连接。

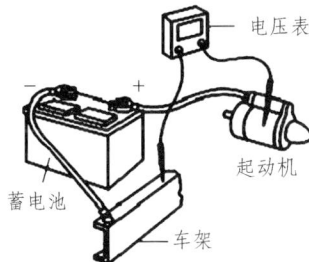

图 2-4-12 汽车车架与起动机外壳连接

③ 如图 2-4-13 所示，蓄电池正极柱与电磁开关上接蓄电池的端子之间连接。

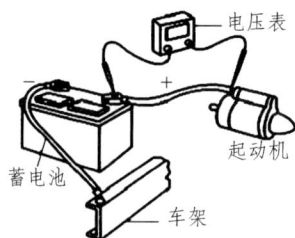

图 2-4-13 蓄电池正极桩与电磁开关上接蓄电池的端子连接

对于 12 V 汽车电路系统，电压降正常的检测结果应该小于 0.2 V。如果电压降过大，表明搭铁电路接触不良。

起动机螺栓松动、蓄电池搭铁端连接接触不良、从蓄电池到发动机机体之间的搭铁线损坏或规格太小，可以采用检测绝缘电路电阻的方法隔离搭铁电路，将电压表正极笔端逐步移向蓄电池查找电压降过大的位置。

（4）起动系统的故障诊断。

① 起动机不转的故障。

现象：将点火开关旋到起动位置，起动机不运转。

故障原因：故障可以归纳为电源及线路部分、起动继电器、起动机三种。

故障诊断与排除方法如图 2-4-14 所示。

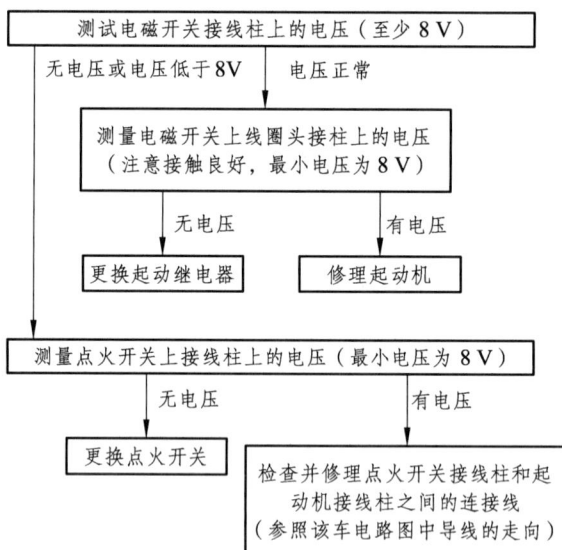

图 2-4-14 起动系统故障阶段与排除方法

② 起动机启动无力的故障诊断

起动机启动无力的故障现象、原因和排除方法如表 2-4-2 所示。

080

表 2-4-2 起动机启动无力的故障现象、原因和排除方法

故障现象	可能原因	排除方法
起动机运转缓慢无力	① 蓄电池电量严重不足 ② 蓄电池极柱太脏或有氧化物 ③ 起动线路导线接头松动，接触不良 ④ 起动机轴承过紧 ⑤ 电枢轴弯曲，转子与定子碰擦 ⑥ 换向器和电刷间脏污 ⑦ 电刷磨损过短，弹簧太软 ⑧ 电枢或磁场线圈短路 ⑨ 电磁开关线路有短路处起动开关触点烧蚀	① 检查蓄电池，充电 ② 清洁蓄电池极柱 ③ 检查各接头，清洁、紧固 ④ 检查轴承，必要时更换 ⑤ 检修电枢轴 ⑥ 清洁 ⑦ 更换电刷或弹簧 ⑧ 检查线圈或更换 ⑨ 检查电磁开关 ⑩ 清洁或更换

故障诊断如图 2-4-15 所示。

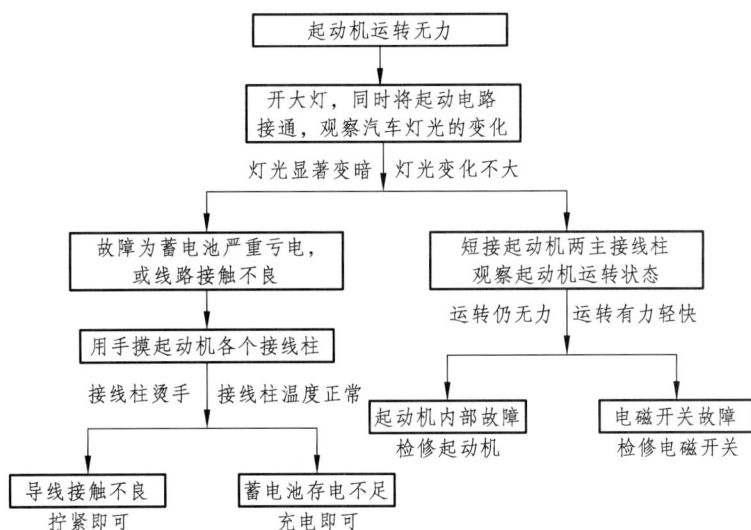

图 2-4-15 起动机起动无力故障阶段

③ 起动机其他故障诊断。

起动机其他故障包含起动机空转（见图 2-4-16）、驱动齿轮与飞轮齿圈啮合异响、电磁开关异响等故障。

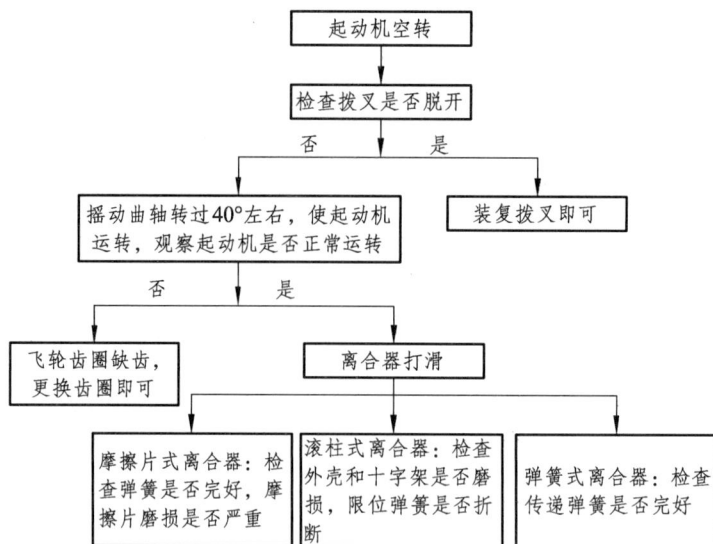

图 2-4-16　起动机空转故障阶段

（5）起动机性能试验。

① 电磁开关的吸铁开关试验。

用手指按住活动铁芯，松开手指之后，检测活动铁芯是否很顺畅地返回其原来位置（见图 2-4-17）。

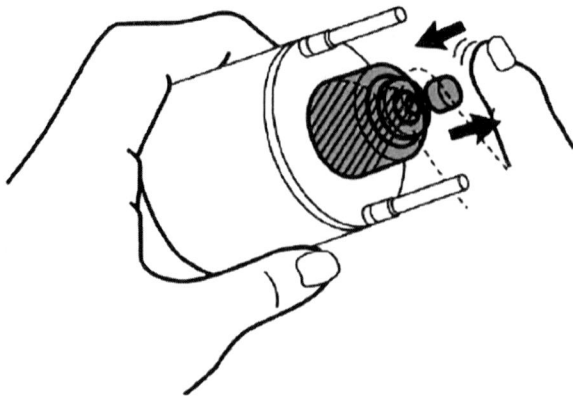

图 2-4-17　电磁开关的吸铁开关试验

② 单向离合器试验。

用手转动起动机离合器，检测单向离合器是否处于闭锁状态（见图 2-4-18）。单向离合器仅向一个旋转方向传送扭矩，在另一个方向，离合器只是空转，不会传送扭矩。

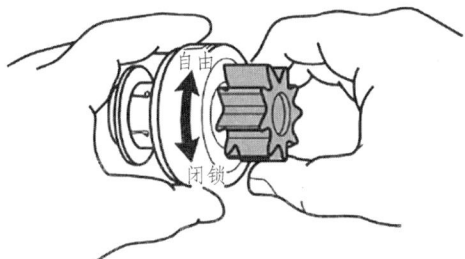

图 2-4-18 单向离合器试验

③ 空载性能试验。

空载性能试验是将起动机与蓄电池和电流表（量程为 0～100 A 以上的直流电流表）连接，蓄电池正极与电流表正极连接，电流表负极与起动机"30"端子连接，蓄电池的负极与起动机外壳连接（见图 2-4-19）。

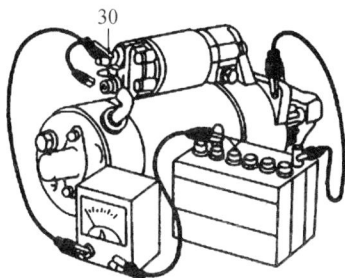

图 2-4-19 机的空载试验

用带夹电缆将"30"端子与"50"端子连接起来，此时驱动齿轮应向外伸出，起动机应平稳运转（见图 2-4-20）。当蓄电池电压大于或等于 11.5 V 时，运转电流应不超过 50 A，用转速表测量电枢轴的转速应不低于 5 000 r/min。

如电流大于 50 A 或转速低于 5 000 r/min 时，说明起动机装配过紧或电枢绕组和磁场绕组有短路或搭铁故障。如电流和转速都低于标称值，说明电动机电路接触不良，如电刷与换向器接触不良或电刷弹簧弹力不足等。

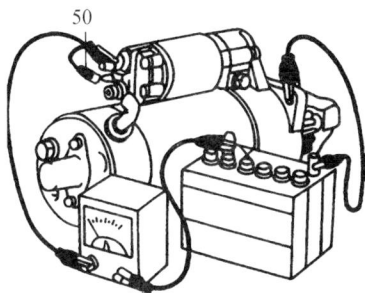

图 2-4-20 接通"50"端子进行试验

④ 电磁开关吸拉动作试验。

将起动机固定到台虎钳上，拆下起动机端子"C"上的磁场绕组电缆引线端子，用带夹电缆将起动机"C"端子和电磁开关壳体与蓄电池负极连接用带夹电缆将起动机"50"

端子与蓄电池正极连接，此时驱动齿轮应向外移动（见图 2-4-21）。如驱动齿轮不动，说明电磁开关有故障，应予修理或更换。

图 2-4-21　电磁开关吸拉动作试验

⑤ 电磁开关保持动作试验。

在吸拉动作基础上，当驱动齿轮保持在伸出位置时，拆下电磁开关"C"端子上的电缆夹（见图 2-4-22）。此时驱动齿轮应保持在伸出位置不动；如驱动齿轮回位，说明保持线圈断路，应予修理。

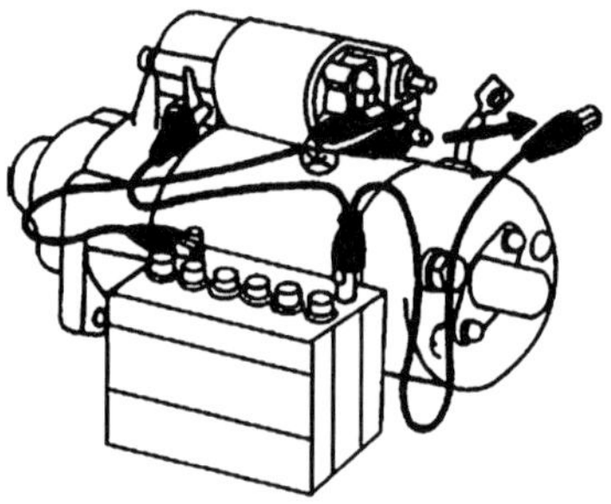

图 2-4-22　电磁开关保持动作试验

⑥电磁开关回位动作试验。

拆下起动机壳体上的电缆夹，此时驱动齿轮应迅速回位；如驱动齿轮不能回位，说明回位弹簧失效，应更换弹簧或电磁开关总成（见图 2-4-23）。

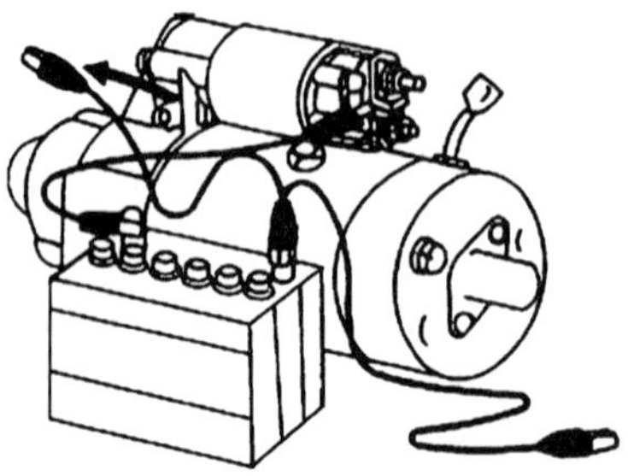

图 2-4-23　电磁开关回位动作试验

（6）起动机外部电路检测。

①保险丝的检测

打开汽车机舱盖，找到保险盒，找到对应的保险丝，使用万用表进行检测（见图 2-4-24）。

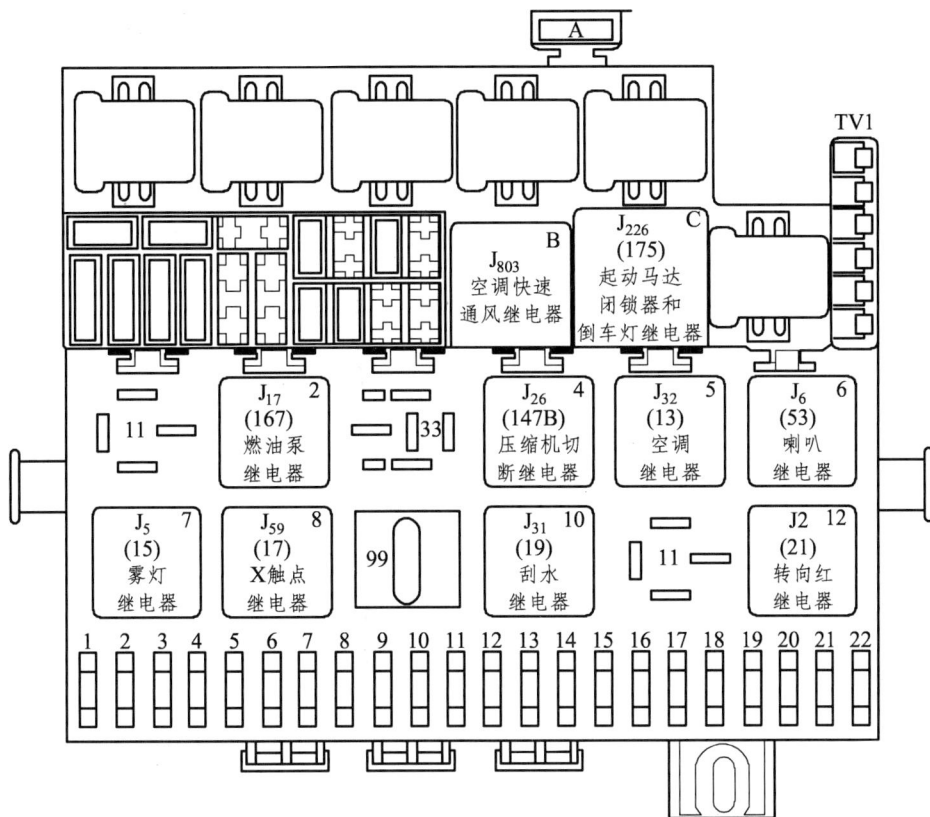

图 2-4-24　保险丝的检测

② 继电器的检测（见图 2-4-25）。

在 1#和 2#端子间施以 12 V 电压，用万用表测量 3#和 5#端子间应是导通的（电阻值为零）。

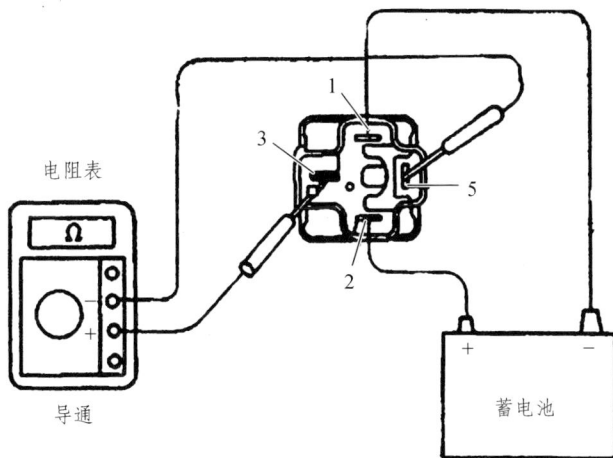

图 2-4-25　继电器的检测

四、检验评估

根据任务完成情况，完成评估反馈表。

表 2-4-3 评估反馈表

评价维度	具体评价内容	分值标准	学生得分	教师评语及建议	企业导师评语及建议
目标理解与达成	明确学习任务目标和要求	10分			
知识掌握程度	起动机控制原理掌握度	20分			
技能操作能力	零部件检测与故障判断能力	30分			
工作流程遵循度	遵循工作流程，自我检查	10分			
资源利用效率	维修手册查阅、车辆及工具使用情况	5分			
实际应用能力	在模拟实际场景下的问题解决能力	10分			
团队协作与沟通	团队合作角色扮演及信息交流效果	5分			
记录与报告	过程记录详尽准确，工作页填写质量	5分			
自我反思与改进	针对问题深度思考，提出改进措施	5分			
安全规范遵守	操作过程中的安全意识与规范操作	10分			
企业实践对接	对企业环境适应性及企业标准遵循情况	5分			

教师签字：_____   日期：_____

学生自评：我对自己的表现满意/有待提高的地方是 _____

学生签字：_____   日期：_____

企业导师签字：_____   日期：_____

注：根据学生的实际表现，在"学生得分"栏填入对应项目的具体得分；教师和企业导师在"评语及建议"栏提供具体的点评以及改进建议。

学习任务三　电器与控制部件检测维修

工作情景

周六上午，汽修技师小李正熟练地在一所现代化汽车维修学校的实训车间内指导一群实习学员。此刻，一位社区居民驾驶着他那辆老旧但深受喜爱的国产轿车抵达实训场地，面带困扰地向小李叙述了车辆照明系统的问题。车主表示："小李老师，我这辆车最近一段时间里，前后灯光表现得不太正常，尤其是晚上，前照灯亮度明显减弱，而且有时候还会忽明忽暗，而尾灯部分，我发现右侧的刹车灯一直不亮，这对我夜间行车的安全造成了很大影响。"

小李作为资深汽车维修专家和实训导师，敏锐地捕捉到了车主所述的关键信息，并注意到车辆外部灯具表面上并未发现明显的物理损伤。基于丰富的实践经验，小李推测这可能是由于前照灯供电线路接触不良、灯泡老化或者尾灯灯泡烧毁及相应电路故障所引起的。为使学员们能够实地学习和掌握前灯尾灯的检测维修技能，小李首先耐心地向车主保证会迅速定位问题并妥善处理。随后，小李指导学员们按照正规的工作流程开始作业。

任务描述

按照专业水平对汽车前照灯系统进行拆装，对主要零部件进行检测，针对检测的结果和有关现象，调整或更换相关零部件，检查汽车前照灯状态及调整方法。

工作流程与活动

（1）前灯尾灯检测维修（8学时）；
（2）洗涤系统检测维修（8学时）；
（3）车窗座椅检测维修（8学时）。

学习活动 1　前灯尾灯检测维修

【学习目标】

（1）能够分析汽车灯光常见故障；

（2）能够正确使用检测仪器，对汽车灯光故障进行检测；

（3）能主动获取有效信息，展示工作成果，对学习与工作进行总结与反思；

（4）能与他人合作，进行有效沟通。

【建议学时】

8 学时。

【学习准备】

汽车灯光相关资料、维修手册、万用表等。

前灯尾灯检测维修

【学习信息收集】

一、前灯及尾灯工作原理

前照灯（头灯）和尾灯是汽车照明系统的重要组成部分，它们的工作原理各异，尤其是在不同类型的前照灯之间。

1. 前照灯

前照灯（也称为头灯或大灯），是安装在汽车前端的主要照明设备，其主要功能是在夜间、黄昏、黎明或恶劣天气条件下为驾驶员提供足够的前方道路照明，提高行车安全性。不同类型的前照灯有不同的结构原理和特性：

（1）卤素灯（Halogen Headlamps）。

结构原理：卤素灯的基本结构包含一个石英玻璃外壳内的灯丝，该灯丝通常由钨丝制成，并填充有卤族元素（如碘或溴）（见图 3-1-1）。当电流通过灯丝时，它会被加热至极高温，产生白炽光。卤素化合物在这个过程中起到催化作用，使得钨丝上的蒸发钨原子重新沉积回灯丝上，从而延长了灯泡的寿命。卤素灯的光色偏黄，亮度相对较低，但成本低廉且结构简单。

（2）氙气灯（Xenon HID Headlamps）。

结构原理：氙气大灯的核心是一个高压气体放电灯泡，内部充有氙气和一些稀有金属混合蒸气（见图 3-1-2）。当高压电通过氙气和金属蒸气时，会产生弧光放电，形成高强度的白色光源。氙气灯不需要传统的灯丝，而是通过两根电极之间的电弧来发光，因此亮度更高、能耗更低，同时具有较长的使用寿命和更好的光照效果。

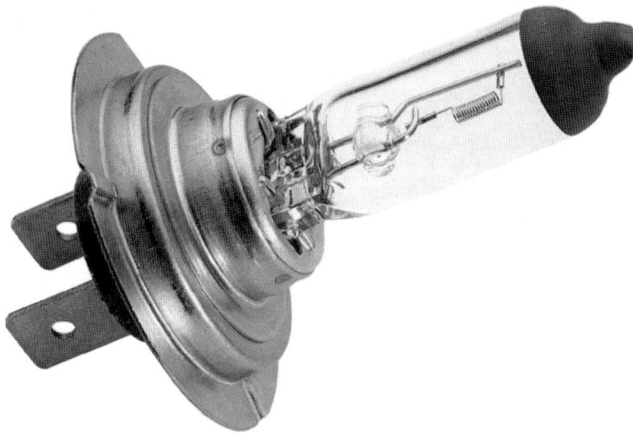

图 3-1-1　卤素灯

图 3-1-2　氙气灯

（3）LED 灯（Light Emitting Diode Headlamps）。

结构原理：LED 前照灯由多个半导体发光二极管构成，当电流通过 PN 结时，电子和空穴复合释放能量，这种能量以光子的形式发射出来（见图 3-1-3）。LED 灯具有快速点亮、高效节能、寿命长、体积小、方向性好等特点，可以根据需求设计成各种形状和排列方式，实现精准配光。LED 大灯发出的光线接近自然日光，大大提高了夜间行驶的安全性和舒适度。

图 3-1-3　LED 灯

（4）激光大灯（Laser High Beam Headlamps）。

结构原理：激光大灯利用激光二极管生成蓝色激光束，激光束照射到特殊磷光体物质上转换为宽谱白色可见光（见图 3-1-4）。激光光源具有极高亮度和聚焦性能，可在较小的空间内产生高亮度照明，同时保持较小的体积和较低的能耗。激光大灯通常配备智能调节系统，确保远光模式下不会对前方车辆或行人造成眩目。

图 3-1-4　激光大灯

每种类型的前照灯都有其优势和适应场景，随着技术的发展，LED 和激光大灯因其诸多优点逐渐成为主流趋势。同时，为了优化夜间驾驶视野并减少对其他道路使用者的眩光干扰，许多高端车型还会配备自适应前照灯系统（AFS），能够根据车辆速度、行驶方向以及环境条件自动调整灯光的角度和范围。

2. 尾灯（Rear Lamps）

尾灯主要包含制动灯、方向指示灯、倒车灯和牌照灯等功能部件。目前大多数汽车的尾灯都采用了 LED 技术，这是因为 LED 响应速度快、亮度高、耐用性强。尾灯通过接收到车载电气系统的信号，在需要时点亮相应的灯组。尾灯的设计必须符合国家和地区规定的光度和颜色标准，通常为红色，以便于在夜间或低能见度条件下提高车辆的辨识度。

（1）刹车灯。

刹车灯通常采用红色光源，安装在汽车后部较高位置，以便后方车辆更容易察觉（见图3-1-5）。早期的刹车灯主要使用卤素灯泡，如今大部分新车已经普遍采用LED光源，因其响应速度快、亮度高、寿命长且能源消耗低的优点。

当驾驶员踩下刹车踏板时，刹车灯开关或传感器会接收到电信号，然后触发刹车灯电路导通，使刹车灯亮起。一旦解除刹车，刹车灯电路断开，刹车灯熄灭。

各国和地区的交通法规均对刹车灯的亮度、颜色、数量和布置方式有着严格的规定。例如，我国和美国等地，规定至少应有两个独立的刹车灯，即两侧各一。

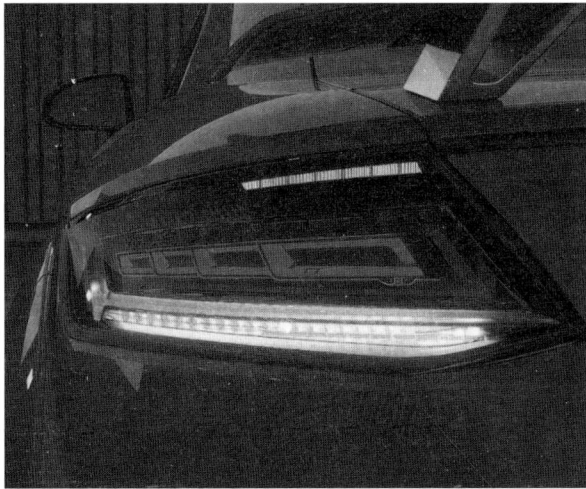

图 3-1-5　刹车灯

（2）倒车灯。

倒车灯通常设置在车辆后部下方，靠近车辆中心线的位置，一般左右各一盏（见图3-1-6）。当驾驶员将变速杆推入倒挡（R挡）时，倒车灯开关会接收到电信号，触发倒车灯电路导通，进而点亮倒车灯。一旦驾驶员将车辆移出倒挡，倒车灯开关关闭，倒车灯电路断开，灯就会熄灭。

相较于其他尾灯，倒车灯的亮度较高，目的是在较暗的环境中也能清楚照亮车辆后方的路面和障碍物。同时，为了防止过亮的灯光对驾驶员或其他道路使用者产生眩目，倒车灯的光束通常设计为向下投射，并配合车辆的倒车影像系统共同提升倒车安全性。

各国和地区对于倒车灯的数量、亮度、颜色以及安装位置均有明确规定。我国强制性国家标准要求乘用车（长度小于6米）至少安装一个倒车灯，颜色为白色或琥珀色。而在北美等地区，倒车灯的颜色一般是红色或琥珀色。

图 3-1-6　倒车灯

（3）转向灯/方向指示灯。

当驾驶员打开转向开关时，相应的侧边尾灯会闪烁（通常是琥珀色），以此表明车辆即将转弯或者改变行驶车道。

（4）尾部雾灯。

尾部雾灯是汽车尾部的一种特殊照明装置，主要用于改善在浓雾、雨雪、沙尘等能见度低的天气条件下，后方车辆和行人对前车的识别能力，以增强行车安全（见图 3-1-7）。

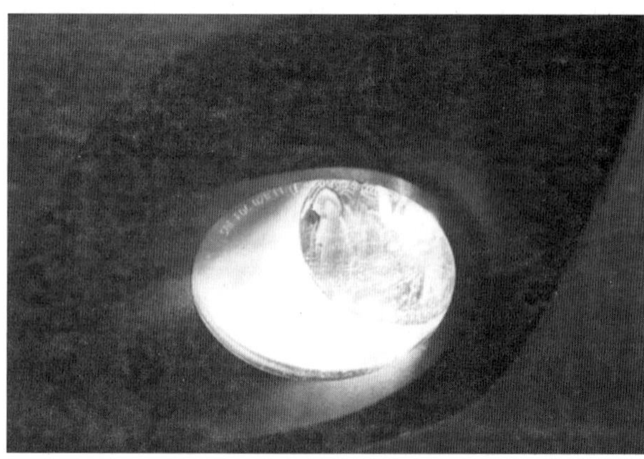

图 3-1-7　尾部雾灯

尾部雾灯通常安装在汽车后保险杠的下方，位置较低，这是因为雾气往往聚集在地面附近，低位置的雾灯可以更好地穿透雾气，照亮近地面区域，提高车辆在雾中的可见度。尾部雾灯的光源一般采用穿透力较强的黄色或琥珀色，因为这两种颜色在雾气中的传播效果相对较好。

尾部雾灯功率较大，亮度较高，但散射角较小，目的是将光线集中投射到地面附近，避免对后方驾驶员造成眩目。

（5）高位刹车灯。

高位刹车灯（High-Mounted Stop Lamp，简称 CHMSL 或第三刹车灯）是安装在汽车后部上方的一个附加刹车灯，其主要作用是为了进一步提高车辆在紧急制动时的可见度，从而降低追尾事故发生的概率。

　　高位刹车灯通常位于后风挡玻璃顶部或车顶行李架下方，位置比普通刹车灯更高（见图 3-1-8），因此即使在视线受阻或跟随车辆视角较高的情况下，也能让后方驾驶员清晰看到刹车信号。其光源一般采用卤素灯泡或 LED 灯，当驾驶员踩下刹车踏板时，与普通刹车灯同步亮起，提供额外的视觉警告。

图 3-1-8　高位刹车灯

　　高位刹车灯最早在美国作为强制性安全配置引入，后来全球范围内多个国家和地区也相继采纳此规定，要求新车出厂必须配备高位刹车灯，其规格、亮度、颜色等方面均须符合各国和地区的交通安全法规。

二、汽车前照灯结构

　　汽车前照灯总成（Headlamp Assembly）是汽车照明系统的重要组成部分，它直接影响着夜间及低能见度条件下的行车安全。前照灯实物和结构如图 3-1-9 所示。

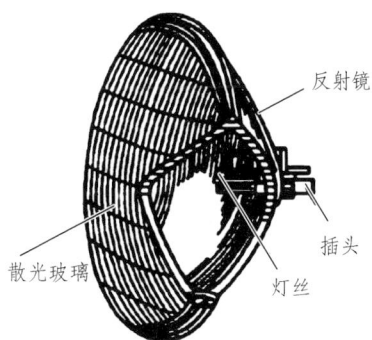

反射镜

插头

散光玻璃　　灯丝

（a）实物图　　　　　　　　　　（b）结构

图 3-1-9　汽车前照灯

1. 灯壳（Lamp Housing）

灯壳是前照灯总成的主体部分，通常由耐热塑料或金属材料制成，内部形成一个密闭空间，容纳所有内部元件，同时起到防护和散热作用。

2. 灯泡（Bulb）

灯泡是前照灯的核心光源，可以是卤素灯泡、氙气灯泡、LED 灯珠或激光二极管等。根据不同车型和配置，前照灯可能包含近光灯泡和远光灯泡，分别提供不同的照明范围和强度。

近光灯主要用于日常行车，光线分布较广且较低，避免直射对向来车驾驶员的眼睛，造成眩目。远光灯则在无对向来车或视野开阔路段使用，提供更远距离的照明。

3. 反射镜（Reflector）

反射镜通常呈抛物面形状，其表面镀有一层反射膜，可将灯泡发出的光线汇聚并导向指定方向，增强照明效果。

4. 透镜（Lens）

透镜位于灯壳最前方，负责将反射镜反射过来的光线均匀分布并投射出去，有些高端车型还会采用双焦或多焦透镜设计，实现更精确的光型控制。

5. 遮光罩（Shutter or Shield）

在一些配备远近光一体式的前照灯中，遮光罩在远光模式下升起，取消对近光部分的遮挡，使得远光得以全面投射；在近光模式下则落下，阻挡一部分远光区域，避免直射对向来车。

6. 电动机驱动系统（Electric Motor Driven System）

对于带有自动水平调节、自适应前照灯系统（AFS）、随动转向大灯（Adaptive Front-lighting System，AFS）等先进功能的车型，前照灯总成内还会有电动机及传动机构，以实现灯体角度的自动调节。

三、汽车前照灯电路分析

汽车前照灯电路是一个复杂的电气系统图（3-1-10），其主要任务是确保前照灯能够在驾驶者的控制下正常工作，包括近光灯、远光灯的切换以及可能的附加功能，如自动调光、清洗系统等。

1. 电路组成

（1）电源。

来自汽车蓄电池的直流电源，通过主电源线（易熔线或保险丝）提供给前照灯电路。

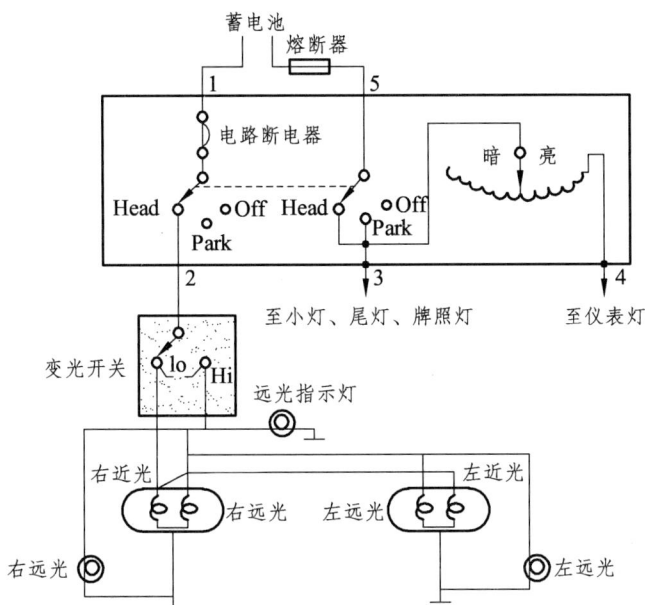

图 3-1-10 汽车前照灯电路

（2）灯光开关。

灯光开关的形式有拉钮式、旋转式和组合式等多种，目前汽车上使用较多的是将前照灯、尾灯、转向灯及变光开关等制成一体的组合式开关。

（3）大灯继电器。

大灯继电器用来控制大电流通过前照灯，防止长时间大电流直接通过灯光开关导致开关触点过热损坏。继电器的线圈由灯光开关控制，触点闭合后接通大灯电路。

（4）变光开关。

变光开关可以根据需要切换远光和近光，它有脚踏变光开关和组合式开关两种。在需要远光灯时，驾驶员操作变光开关，激活变光继电器，通过其触点改变远光灯线路的通断状态，实现远光灯的开启和关闭。

（5）保险丝。

每个灯泡或电路分支都可能配有保险丝，用以保护电路免受过大电流的损害。

（6）前照灯灯泡。

包括近光灯泡和远光灯泡，通常各自独立电路，工作时将电能转化为光能。

（7）接地。

所有的灯泡都需要良好的接地才能形成完整的电路，确保灯泡正常发光。

2. 电路工作原理

电路工作原理及相关标记说明如图 3-1-11、图 3-1-12 和表 3-1-1、表 3-1-2 所示。

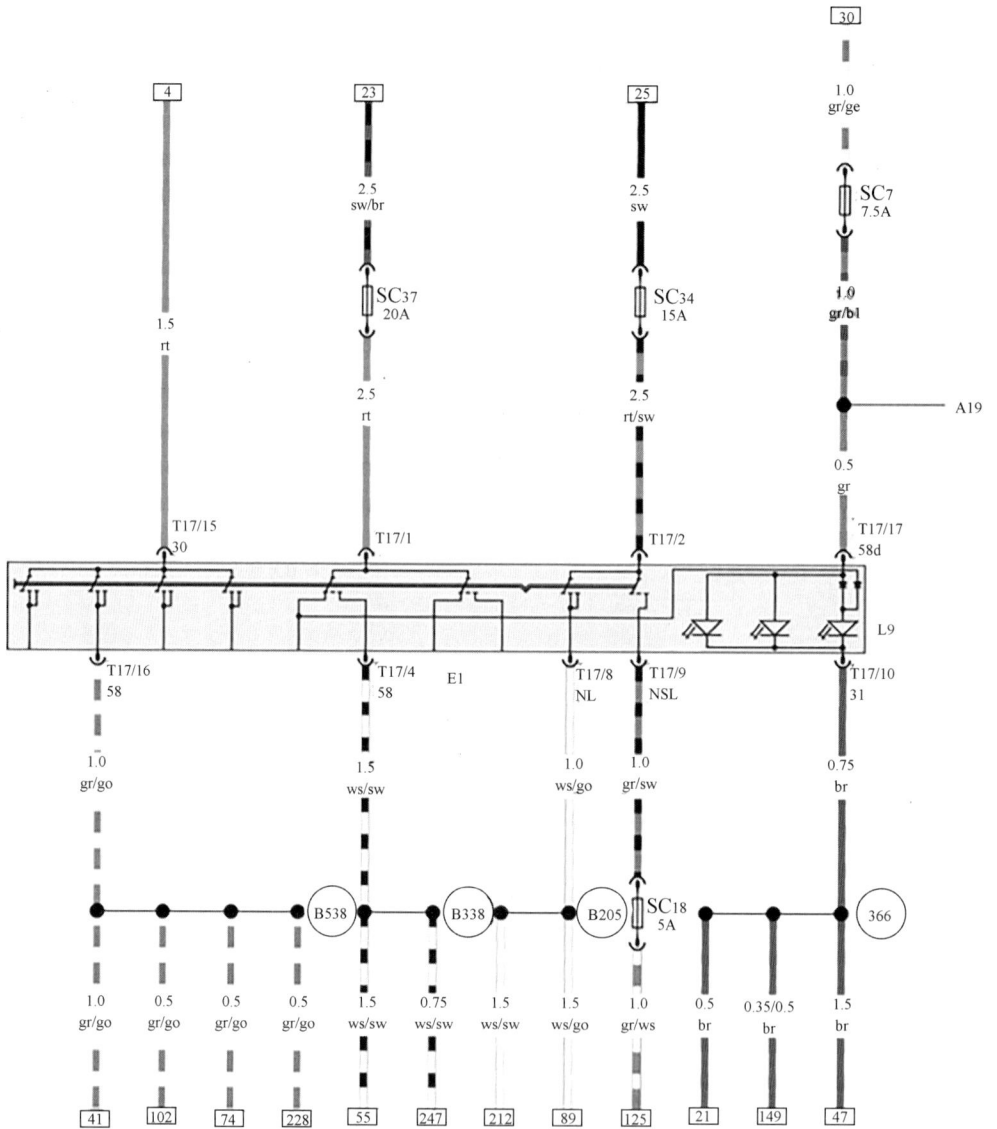

图 3-1-11　电路工作原理图 1

表 3-1-1　相关标记说明 1

名称	描述
E1	车灯开关
L9	大灯开关照明灯泡
SC7	保险丝架 C 上的保险丝 7
SC18	保险丝架 C 上的保险丝 18
SC34	保险丝架 C 上的保险丝 34

名称	描述
SC37	保险丝架 C 上的保险丝 37
T17	17 芯插头连接
366	接地连接 1，在主导线束中
A19	连接（58d），在仪表板导线束中
B205	连接（前雾灯），在车内导线束中
B338	连接 1（56），在主导线束中
B538	连接 29，在主导线束中

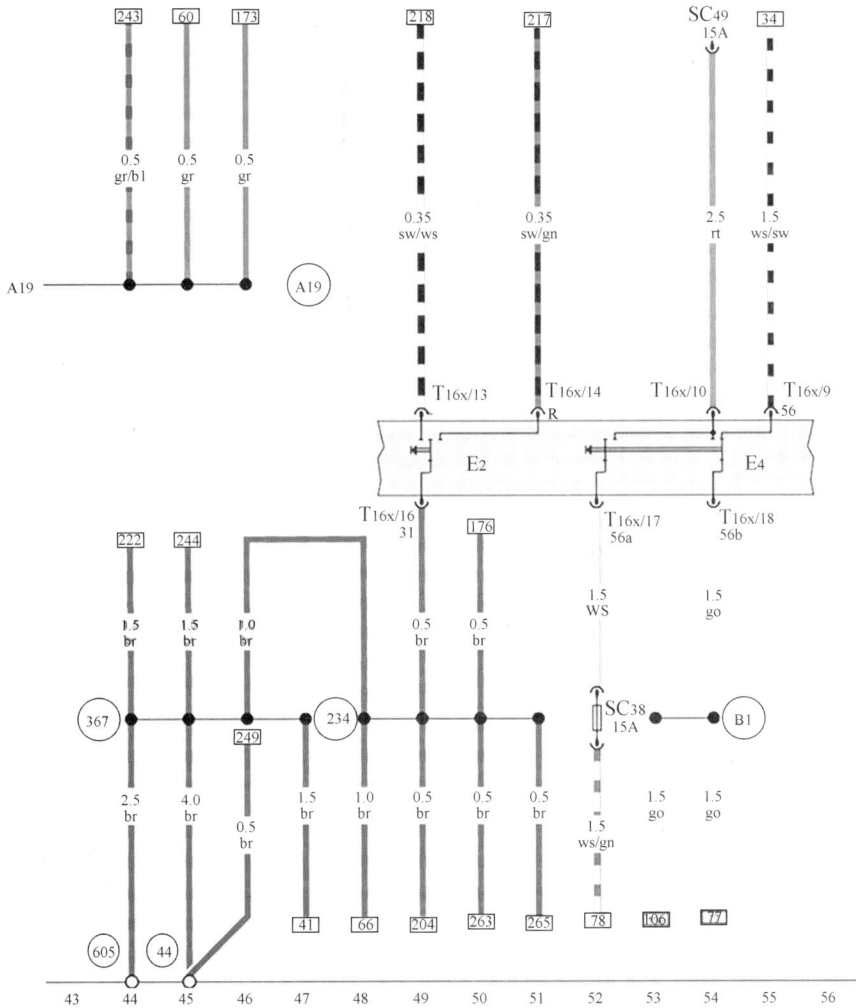

图 3-1-12 电路工作原理 2

表 3-1-2　相关标记说明 2

名称	描述
E$_2$	转向信号灯开关
E$_4$	手动防眩目功能和远光灯瞬时接通功能开关
SC$_{38}$	保险丝架 C 上的保险丝 38
SC$_{49}$	保险丝架 C 上的保险丝 49
T$_{16x}$	16 芯插头连接
44	接地点，左侧 A 柱下部
234	接地连接，在转向柱开关导线束中
367	接地连接 2，在主导线束中
605	接地点，在上部转向柱上
A$_{19}$	连接（58d），在仪表板导线束中
B$_1$	连接（56b），在转向柱开关导线束中

车辆点火钥匙插入点火开关并旋转至适当位置（如 ACC 或 ON 位置，这里指代为 "D" 触点），此时点火开关内部的 X/75 触点闭合，从而接通了车灯电路的主电源通道。这条主电源线路并非直接连至车灯，而是首先经过了一个被称为 "继电器 J59" 的关键器件。

卸荷继电器 J59 的作用在于分担和管理大量负载设备的供电，其中包括但不限于前后雾灯、空调鼓风机以及点烟器等。当车辆点火开关激活后，J59 继电器接收到指令并闭合其内部的接触点，为这些用电设备提供稳定的电源输出，同时也为车灯系统准备好了供电条件。

驾驶者通过操作车灯开关 E1 来控制车灯的开启和关闭，以及切换远近光。车灯开关 E1 发出的信号首先送达至变光开关 E4。变光开关 E4 是一个专门用来控制前照灯远近光切换的装置，它直接响应驾驶者的操作命令，实时改变前照灯的工作模式。

当驾驶者扳动变光开关 E4 时，开关内部的电路状态会发生变化，进而直接控制前照灯的线路通断。例如，切换至近光模式时，变光开关会使前照灯的近光灯丝接通电源；切换至远光模式时，除了近光灯丝继续保持供电外，远光灯丝也会被接通，以提供更强更远的照明效果。

车灯的工作原理是通过点火开关、卸荷继电器、车灯开关以及变光开关之间的联动关系，有序地分配和控制电源，从而使车灯能够根据驾驶者的需求和道路条件灵活调整工作状态。

四、汽车前照灯灯光检验与调整

1. 汽车灯光检验

我国汽车灯光检测目前主要依据的是国家标准《机动车运行安全技术条件》（GB 7258—2017），该标准对机动车的灯光系统进行了详细的规定和要求。

灯光检验要求主要有两方面：一是检查远光的发光强度，二是检查外观。

（1）远光发光强度要求。

灯光检验对远光灯无光型要求，有发光强度（亮度）要求。

前照灯的检测由前照灯检测仪检测完成（见图 3-1-13），前照灯有二灯制（远近一体）和四灯制（远近分体）之分，再具体些可分为远近光一体化反光碗、远近光分体反光碗+卤素灯、远近光分体带单光透镜+卤素灯、远近光分体带双光透镜+氙气灯。检测时，一般测试距离为 3 m。

根据 GB 7258—2017 第 8.5.2 条，远光灯的发光强度，每单个远灯光的照明光度需要满足下列要求：在用车的远光灯光强下限，二灯制（远近一体）的，每个灯束需要达到 15 000 坎德拉，四灯制（远近分体）的，每个灯束需要达到 12 000 坎德拉，其中两只对称的灯达到二灯制的要求时即视为合格。

图 3-1-13　前照灯检测仪

（2）外观要求

未经备案不得改变车灯外观、线路。

2. 汽车灯光调整

（1）将被检汽车尽可能地与前照灯检测仪的轨道保持垂直方向，驶近检测仪，与检测仪受光器之间达到规定的检测距离（3 m、1 m、0.5 m或0.3 m）。

（2）用车辆摆正找准器使检测仪与被检汽车对正。

（3）开亮前照灯，用前照灯照准器使检测仪与被检的前照灯对正。

（4）检测光束照射位置（光轴偏斜量）和发光强度。屏幕式前照灯检测仪，要使固定屏幕上左右光轴刻度尺的零点与活动屏幕上的基准指针对正。左右和上下移动受光器，使光度计的指示值达到最大。此时，根据受光器上的基准指针所指活动屏幕上的上下刻度值和活动屏幕上的基准指针所指固定屏幕上的左右刻度值，即可得出光轴偏斜量。根据此时光度计上的指示值，即可得出发光强度。

（5）用同样方法分别检测两只前照灯的近光和远光光束照射位置和发光强度。

（6）前照灯灯光调整时应用十字形螺钉旋具，顺时针转动调整螺钉A时，可使灯光光束降低；逆时针方向转动调整螺钉A时，可使灯光光束升高。转动调整螺钉B时，可以调整前照灯光束水平方向的位置。

（7）检测结束，前照灯检测仪沿轨道退回护栏内，汽车驶出。

【学习过程】

一、任务分工

表3-1-3　任务分工

小组编号：

学生姓名	任务分工	工具设备准备	备注
			组长

二、制定汽车前照灯故障排除计划

前照灯故障现象与可能原因如表3-1-4所示。

表 3-1-4　前照灯故障现象与可能原因

症状	可疑部位
一侧近光前大灯没有亮起	保险丝
	灯泡
	线束或连接器
	灯控 ECU（HID 前大灯）
左右两侧近光前大灯均没有亮起	保险丝
	前大灯继电器
	前大灯变光开关总成
	线束或连接器
一侧远光前大灯没有亮起	保险丝
	灯泡
	线束或连接器
两侧远光前大灯均没有亮起（近光前大灯正常）	前大灯变光继电器
	前大灯变光开关总成
	线束或连接器
"远光闪光"前大灯没有亮起（会车灯功能）	前大灯变光开关总成
近光前大灯或远光前大灯不熄灭	前大灯变光开关总成
	线束或连接器

　　工作任务：正确使用检测仪器，找出导致灯泡不亮故障元件，记录故障元件相关信息，进行故障原因说明。

　　请写出你的工作方案。

三、计划实施

1. 准备工作及安全注意事项

（1）工装穿着整洁，戴好工作手套。根据实际需要佩戴个人防护装备，如护目镜、防护手套、耳塞、安全帽等。

（2）车辆进入工位并可靠停驻（由指导教师操作）。在开始任何维修操作之前，确保车辆熄火且点火钥匙已被取下，以防止意外启动。

（3）准备好工具器材。使用设备前，务必详细阅读使用说明书，严格按照规程操作。

（4）准备好相关维修信息资料，维修车辆维修手册。

（5）保持实训场所整洁，工具和器材放置有序，避免绊倒和误触。

（6）发现安全隐患或事故苗头，立即停止作业并向指导教师报告。

2. 实施过程

（1）前照灯各个元件位置确认（图 3-1-14 ~ 图 3-1-19）。

图 3-1-14（   ）

图 3-1-15（   ）

图 3-1-16（   ）

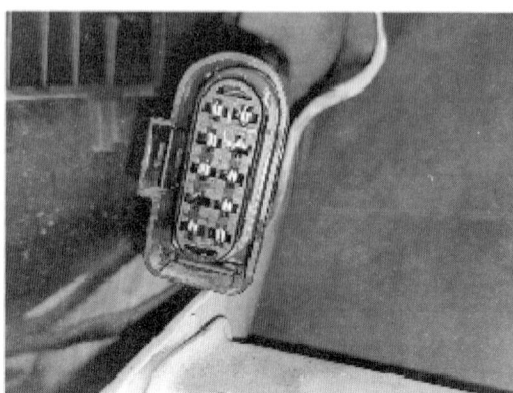

图 3-1-17（   ）

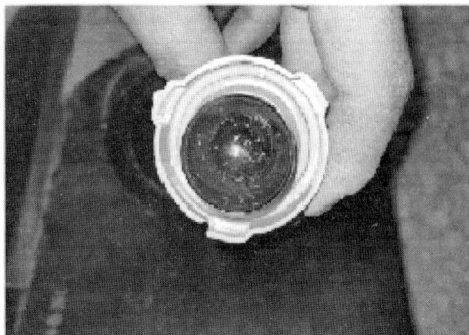

图 3-1-18 （　　　　　　）　　　　　　　图 3-1-19 （　　　　　　　　）

（2）前照灯检查（见表 3-1-5）。

表 3-1-5　前照灯检查

序号	操作内容	测量端子	检查结论
1	前照灯工作情况检查		
2	检查保险丝		
3	检查继电器		
4	前照灯插接器检查		
5	灯光开关线束检查		
6	灯光开关检查		
7	前照灯灯泡检查		

四、检验评估

根据任务完成情况，完成评估反馈表。

表 3-1-6　评估反馈表

评价维度	具体评价内容	分值标准	学生得分	教师评语及建议	企业导师评语及建议
目标理解与达成	明确学习任务目标和要求	10分			
知识掌握程度	照明系统结构、功能理解；电路分析熟练度	20分			
技能操作能力	拆卸与组装前灯尾灯的熟练度；零部件检测与故障判断能力	30分			
工作流程遵循度	遵循工作流程，自我检查	10分			
资源利用效率	维修手册查阅、车辆及工具使用情况	5分			
实际应用能力	在模拟实际场景下的问题解决能力	10分			
团队协作与沟通	团队合作角色扮演及信息交流效果	5分			
记录与报告	过程记录详尽准确，工作页填写质量	5分			
自我反思与改进	针对问题深度思考，提出改进措施	5分			
安全规范遵守	操作过程中的安全意识与规范操作	10分			
企业实践对接	对企业环境适应性及企业标准遵循情况	5分			

教师签字：_____　　日期：_____

学生自评：我对自己的表现满意/有待提高的地方是 _____

学生签字：_____　　日期：_____

企业导师签字：_____　　日期：_____

注：根据学生的实际表现，在"学生得分"栏填入对应项目的具体得分；教师和企业导师在"评语及建议"栏提供具体的点评以及改进建议。

学习活动 2　洗涤系统检测维修

【学习目标】

（1）能够分析汽车雨刮常见故障；

（2）能够正确使用检测仪器，对汽车雨刮故障进行检测；

（3）能主动获取有效信息，展示工作成果，对学习与工作进行总结与反思；

（4）能与他人合作，进行有效沟通。

【建议学时】

8学时。

【学习准备】

洗涤系统检测维修

汽车灯光相关资料、维修手册、万用表等。

【学习信息收集】

1. 电动刮水器的作用

刮水器的作用是在雨雪天气行车时，清除挡风玻璃上的雨水或积雪，确保驾驶员有良好的视线。

2. 电动刮水器的基本结构

汽车上采用的刮水器，根据其动力不同可分为真空式、气动式和电动式三种。由于电动刮水器具有动力大，工作可靠，容易控制，且不受发动机工况影响等优点，目前被广泛使用。所以，这里我们只介绍电动刮水器的结构和工作原理。电动刮水器由微型直流电动机驱动，通过联动机构，使挡风玻璃外表面的刮水片来回摆动，以扫除挡风玻璃上的雨水、雪或灰尘。电动刮水器的基本结构如图 3-2-1 所示。其驱动部分是由一个微型直流电动机 3、涡轮箱 2 与电动机合装在一起并固定在底板 1 上，涡轮的旋转运动经曲柄 4、6、连杆 5、7、摆杆 8、12 等传动机构转换为往复摆动，并通过摆臂 9、10 带动刮水片 11、13 做往复摆动，其上的胶皮便清除掉风挡玻璃上阻碍视线的杂质。

近年来在有些车辆上采用了柔性齿条传动刮水器，其结构如图 3-2-2 所示。柔性齿条传动机构具有占用空间小、噪声低、便于刮水电动机布置等优点。可以将电动机装在维修空间比较大的地方，便于维护。柔性齿条由套管、芯轴、钢丝三部分组成。钢丝以一定的螺距绕在柔性的芯轴上，使芯轴表面形成"齿形"，与齿轮啮合带动刮水片做往复摆动刮水。

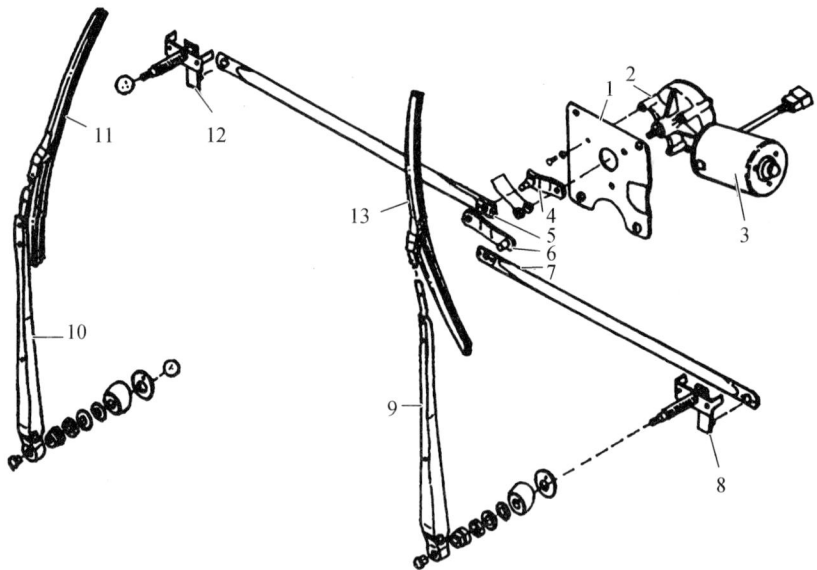

1—底板；2—涡轮箱；3—电动机；4、6—曲柄；5、7—连杆；8、12—摆杆；9、10—摆臂；11、13—雨刮片。

图 3-2-1　电动刮水器的结构

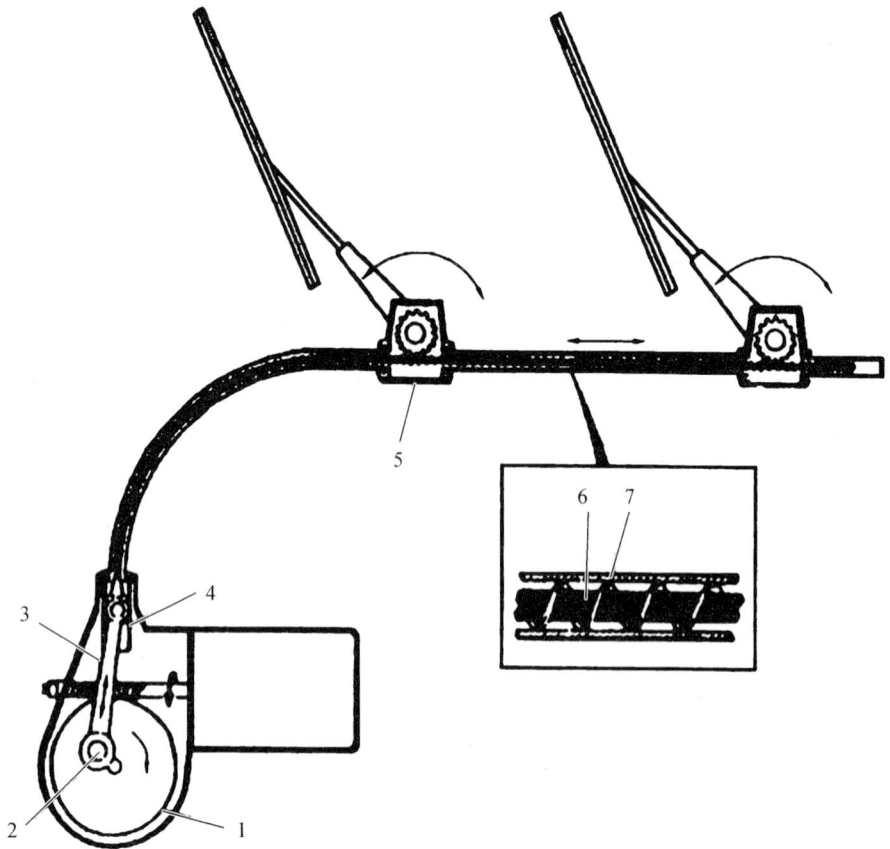

1—涡轮；2—曲柄销；3—连杆；4—滑块；5—齿轮箱；6—芯轴；7—钢丝。

图 3-2-2　柔性齿条传动刮水器结构

3. 三刷永磁电动机

刮水器电动机按其磁场结构来分，有并激磁式和永磁式两种。目前采用永磁式电动机较多，它的磁极为永久磁铁，具有体积小、重量轻、噪声小、结构简单、价格低廉等特点，因而得到了广泛使用。

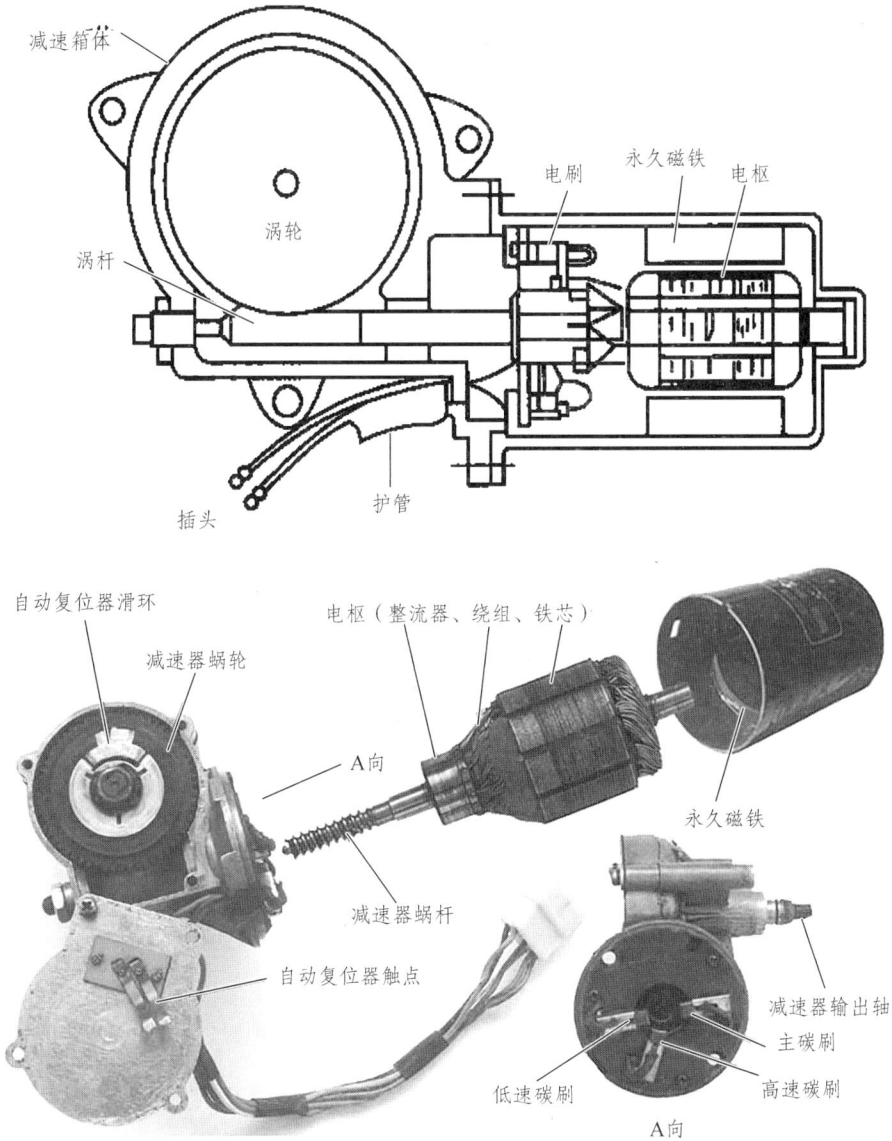

图 3-2-3　永磁式电动风扇玻璃刮水器结构与组成

结构：三刷永磁电动机因带有 3 个电刷而得名。由永久磁铁（磁极）、电枢（转子）、3 个电刷、壳体及驱动端盖（与减速箱连为一体）等组成（见图 3-2-3）。磁极一般为铁氧体材料制成的永久磁铁，数量为一对。电刷 C 为高速电刷，亦称为第三电刷，它与电刷 B 的夹角为 30°或 60°（见图 3-2-4）。搭铁电刷 A 可以直接搭铁，也可以经刮水器开关搭铁。

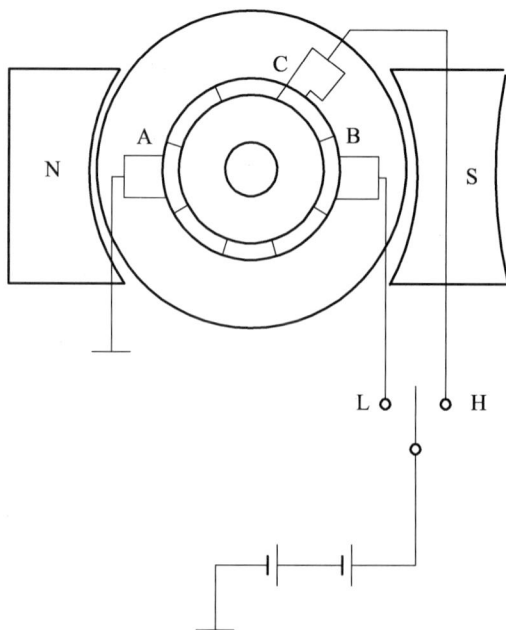

图 3-2-4　电刷

变速原理：三刷永磁电动机是利用三个电刷在电路中改变正、负电刷之间串联的线圈数目而实现变速的。电动机在运转过程，电枢绕组将产生反电动势，相当于并激直流电动机产生的感应电动势，其方向与电枢电流相反。当直流电动机稳定运转时，外加电源电压应等于电枢绕组的电压降与反电动势之和。当刮水器开关的 L 挡闭合时，电刷 B 与 A 通电。两电刷之间的 8 个电枢绕组构成两条并联支路，两个支路中各绕组的反电动势相加，两支路的反电动势值相等（见图 3-2-5）。

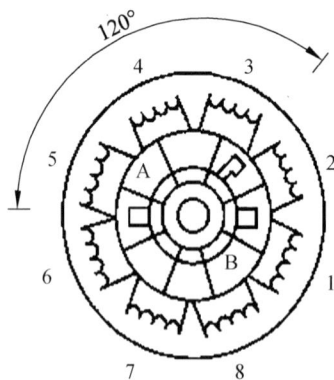

图 3-2-5　两个并联支路

当反电动势与电机内部电压降之和与电源电压相等时，电机进入稳定运转状态，此时电动机转速较低，刮水片每分钟刮动约 50 次。当刮水开关的 H 挡闭合时，电刷 C 与两电刷之间的 8 个绕组形成不对称的两个并联支路，一路是 5 个绕组（6、7、8、1、2 绕组）串联，另一路是 3 个绕组（3、4、5 绕组）串联（见图 3-2-6）。而第一个支路中绕组 1 与绕组 2 的反电动势方向相反，相互抵消。所以实际上每支路仅有 3 个绕组相串联，反电动势减小。由于电源电压基本恒定不变，绕组反电动势与电机内部电压降之和小于电源电压，只有提高反电动势，才能进入新的平衡状态。而反电动势与电动机的转速成正比，所以电动机转速必将上升，刮水片做高速运动，每分钟约 70 次。这样，三刷电机就会以两种不同的转速来工作。

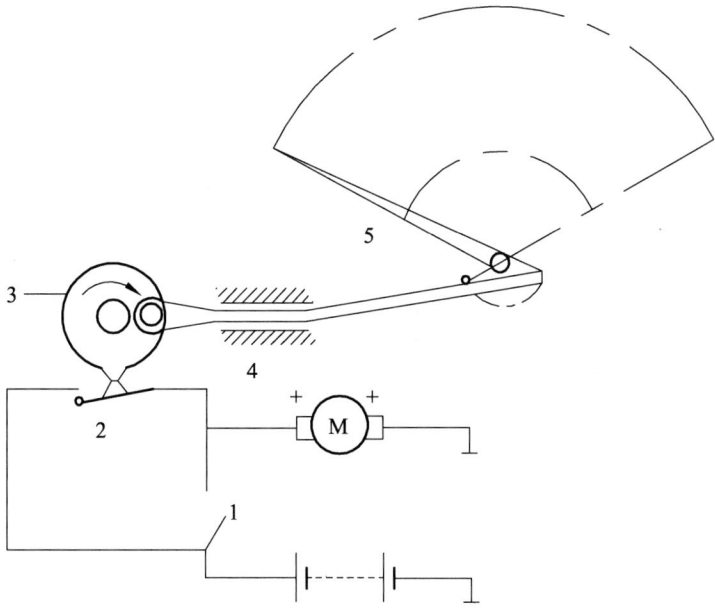

1—控制开关；2—复位开关；3—凸轮；4—滑块；5—刮水片。

图 3-2-6 3、4、5 绕组串联

4. 自动停位机构的工作原理

自动停位机构的作用是：当驾驶员关闭刮水器开关，刮水器停止工作时，刮水片应能回到其行程的末端，而不是在中间位置。为此刮水器中安装了复位开关，复位开关由刮水电动机的变速器控制，使开关只在刮水片到达其行程末端时才断外。当驾驶员在刮水片处于中间位置断开控制开关时，由于复位开关仍闭合，故仍能连续给电动机电流，直到刮水片到达下限位置时凸轮才能将复位开关顶开，使电动机停止。但是由于运动部件的惯性作用，一旦凸轮转过了触点，电机还是会继续运转，刮水片往往还是不能准确地停止在确定的位置。为此，在自动停位机构中又增加了电磁制动，以解决这个问题。

如图 3-2-7（a）所示，在减速涡轮的端面上，镶嵌着接触片 2、3，它们随涡轮一起转动，接触片 2 与电机的外壳连接搭铁，触点臂 5、7 上铆接着触点 4、6，由于触点臂的弹性作用，使触点 4、6 始终保持与接触片有很好的接触。当电源开关 11 接通，并把刮水器开关拉到"Ⅰ"挡时，其工作电路如下：蓄电池正极—开关 11—熔断丝 10—B_3 电刷—电枢绕组—B_1 电刷—接线柱②—接线柱③—搭铁—蓄电池负极，形成回路，此时刮水电动机低速运转。

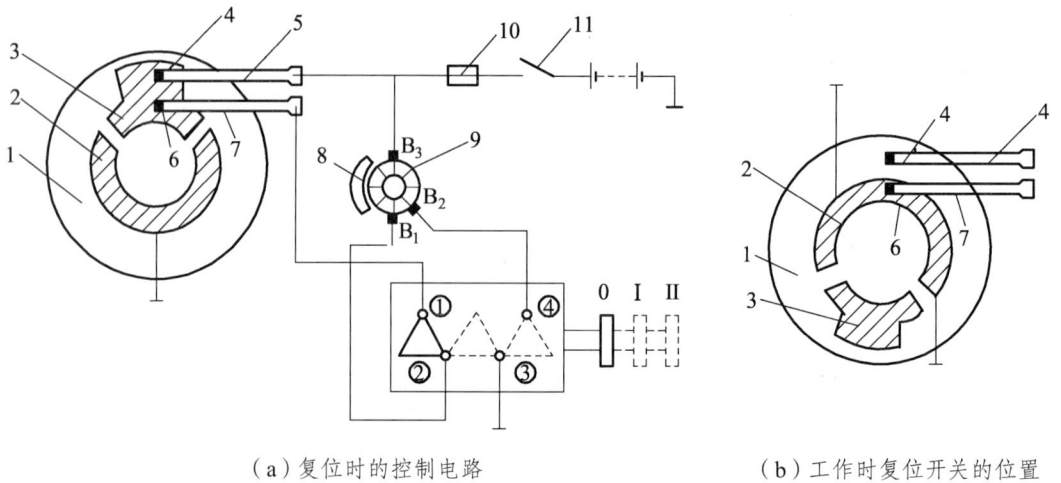

（a）复位时的控制电路　　　　　　　　（b）工作时复位开关的位置

1—减速涡轮；2、3—接触片；4、6—触点；5、7—触点臂；8—永久磁铁；
9—电枢；10—熔断丝；11—开关。

图 3-2-7　自动停位机构结构原理图

当驾驶员将刮水器开关推到"0"挡，欲关闭刮水器时，若刮水片不在停止位置，涡轮端面电路的连接如图 3-2-7（b）所示，触点 6 与接触片 2 保持接触，其工作电路为：蓄电池正极—开关 11—熔断丝 10—电刷 B_3—电枢绕组—电刷 B_1—接线柱②—接线柱①—接触臂 7—触点 6—接触片 2—搭铁—蓄电池负极，构成回路，这样电机会继续运转，直至刮水片到达停止位置，涡轮的端面电路连接如图 3-2-7（a）所示，回路中断。但是由于惯性，电机还会继续运转，此时电机的 B_1 与 B_3 之间会产生电动势，由于触点 4、6 同时与接触片 7 接触，这个感生电动势也构成了回路。其电路为：电机的电刷 B_3—触点臂 5—触点 4—触点 6—接触臂 7—接线柱①—接线柱②—电刷 B_1—电动机电枢，在电动机内部的电枢上有反向的电流通过。其产生的力矩与运转的惯性力矩方向相反，会阻止电动机的运转。这个制动回路，使电动机快速地停止，刮水片便能够准确地停在风挡玻璃下端指定的位置上。

5. 间歇式刮水器

汽车在小雨或者雾天行驶时，刮水器即使以低速挡运转，由于水量很少，会与灰尘形成泥水，也不易将车窗刮干净，而且还会在风挡玻璃上形成一些污迹，影响驾驶员的视线，严重时有可能刮伤玻璃。所以，现在很多汽车的刮水器电路中都采用了电子间歇控制系统，在遇到这样的天气时，使用间歇挡，刮水片会间隔 2～12 s 运动一次。汽车的间歇式刮水器控制电路有多种形式，按间歇时间能否调节分为可调节型和不可调节型两种。

（1）不可调间歇控制电路。

① 互补式间歇振荡电路。

刮水器间歇机构一般利用电机的自动复位触点，并利用阻容（R、C）充放电的半导体电路或者集成电路构成。图 3-2-8 所示为互补式间歇振荡电路图，其中 K_1 为常闭触点，

K_2 为常开触点，其受继电器 J 控制；自动停位开关 3 有两个工作位置，随刮水器电动机的转动而自动改变，当刮水片处于停止位置时，开关 3 的上位接通，否则开关 3 的下位接通。当刮水器开关 1 置于断开位置"0"挡，间歇开关 5 置于接通位置时，刮水器间歇运动的电路被接通。电源先向 C 充电，当 C 两端电压增加到一定值后，T_1 被导通，T_2 也随之导通，继电器 J 通电，常闭触点 K_1 打开，常开触点 K_2 闭合，刮水器电机运转。此时的电路为：蓄电池正极—B_3—B_1—刮水继电器 J 的常开触点 K_2—搭铁—蓄电池负极。

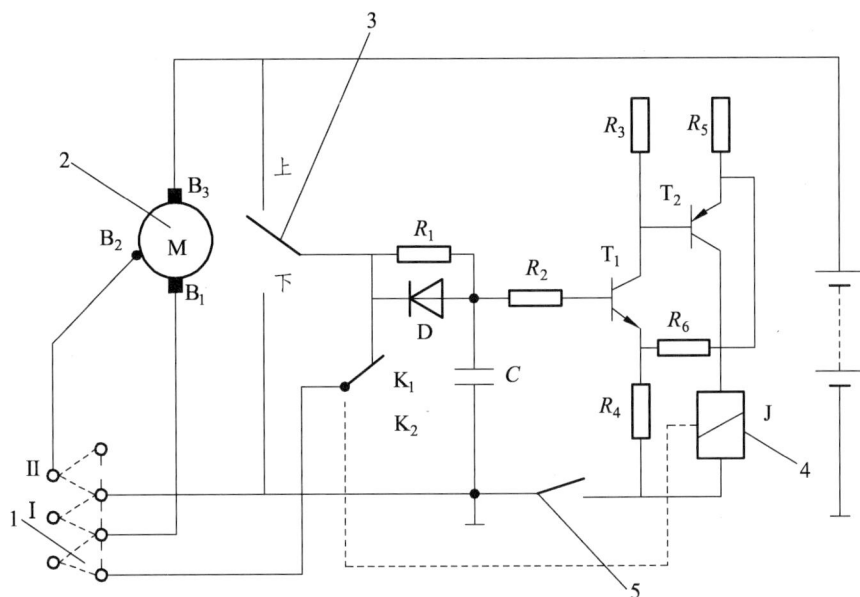

1—刮水开关；2—电动机；3—自动停位开关；4—继电器；5—刮水器间歇开关。

图 3-2-8　互发式间歇振荡电路图

当刮水电机转动到使自动停位开关 3 的下位接触时，电容器 C 便通过二极管 D 迅速放电，使三极管 T_1 基极电位降低，从而 T_1、T_2 转为截止状态，通过继电器 J 的电流随之中断，常闭触点 K_1 闭合，但由于此时自动停住开关 3 的下位接触，故刮水电机仍可继续转动，直到刮水片摆回原位，自动停位开关 3 的上位接通为止，电机才因电枢短路而停止。接着电源又通过自动停位开关 3 的上位触点向 C 充电，重复上述过程使刮水器橡皮刷间歇动作。其停歇时间长短取决于 R_1C 电路的充电时间。由上述工作原理可知，这种电路保证了每个停歇周期内，刮水片摆动一次。

② NE555 集成电路组成的振荡电路。

图 3-2-9 为 NE555 集成电路组成的振荡电路。在刮水器运转之前，刮水片处于停止位置，并使自动停位开关的触点 S_2，处于闭合状态。当驾驶员操作刮水器开关在"0"挡，间歇开关 3 闭合时，集成电路 NE555 的 3 脚输出高电位，使继电器 4 通电，常开触点 K_1 闭合，刮水电动机的电极 B_1 经刮水开关 2、触点 K_1 接地构成回路，刮水器低速运转。经过一定时间后，刮水片离开停止位置，自动停位开关 5 的触点 S_1 闭合，同时集成电路 NE555

根据内部预先的设定，使 3 脚输出低电位，继电器 4 断电，常开触点 K_1 断开，常闭触点 K_2 闭合。

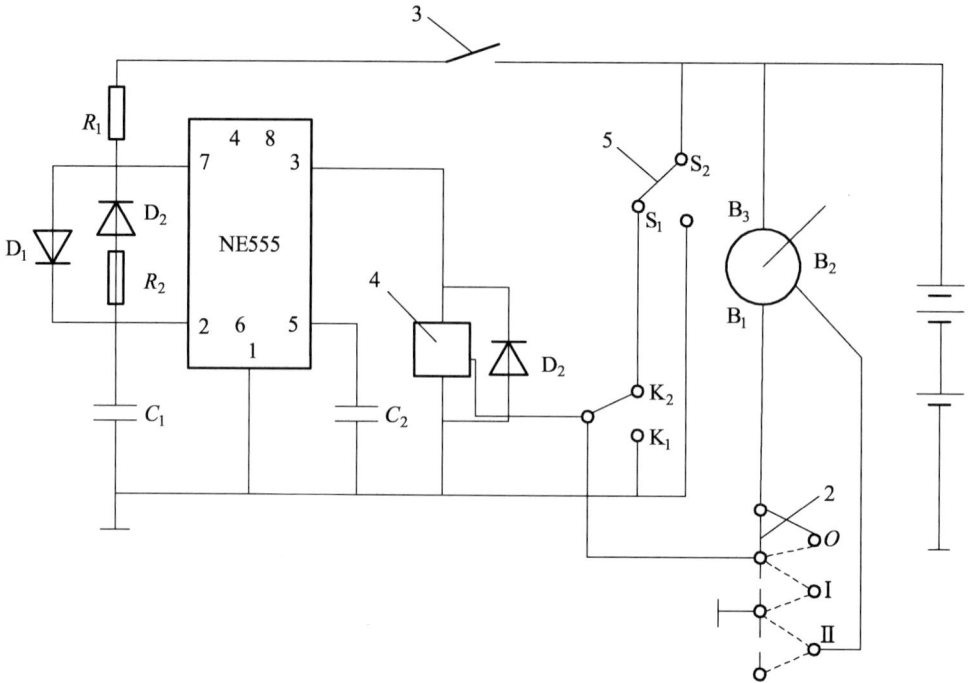

1—刮水电动机；2—开关；3—间歇开关；4—继电器；5—自动停位开关。

图 3-2-9　NE555 集成电路组成的振荡电路

此时，刮水电动机的电极 B_1 经刮水开关 2、触点 K_2、触点 S_1 接地，刮水电机继续低速运转，直到自动停位开关 5 的触点 S_2 闭合，刮水电动机的电极 B_1、B_3 经过常闭触点 K_2 和触点 S_2，连接在一起，构成自动回路，使电机迅速停止运转，刮水片就停在了原始位置，完成了一个工作循环。刮水器工作的间歇时间是由集成电路内部设定的，它决定了下一次运转的时间间隔，仍然由集成电路的 3 脚发出高电位信号激发下一个工作循环。

（2）可调式间歇控制电路。

刮水器控制电路，能使汽车的刮水器按雨量大小自动开闭，并自动调节间歇时间，称为可调式间歇控制电路（见图 3-2-10）。电路中 S_1、S_2 和 S_3 组成在风窗玻璃上的流量检测电极，下雨时，雨水落在检测电极之间，使它们之间的阻值明显减少，水流量越大，其阻值越小。S_1 与 S_3 之间的距离较近（约 2.5 cm），雨量较小时，雨水首先将 S_1 与 S_3 连接，使 T_1 导通，继电器 J_1 吸合，P 点接通，刮水器慢速刮水。雨量较大时，S_1 与 S_2 之间的电阻也会减小，使 T_2 也导通，于是 J_2 闭合，A 点断开，B 点接通，刮水电机快速运转；雨停时，检测电阻之间的阻值均增大，T_1、T_2 截止，继电器 J_1、J_2 断电，刮水器自动停止刮水。

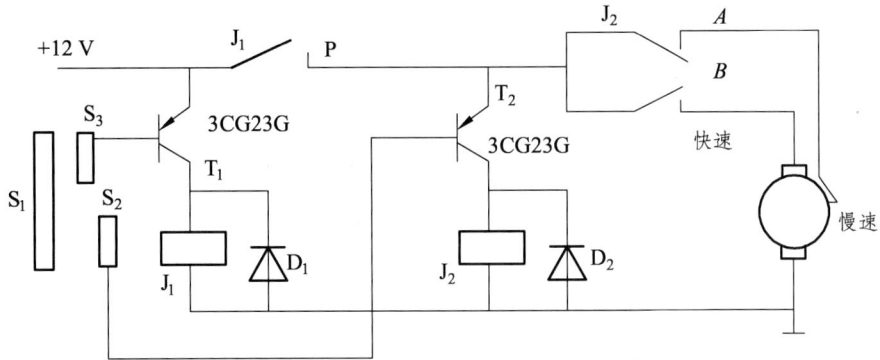

图 3-2-10 可调式间歇控制电路

【学习过程】

一、任务分工

表 3-2-1 任务分工

小组编号：

学生姓名	任务分工	工具设备准备	备注
			组长

二、制定汽车雨刮故障排除计划

（1）雨刮故障现象与可能原因（见表 3-2-2）

表 3-2-2 雨刮器故障与原因

故障	原因分析
雨刮擦不干净	雨刮片老化
雨刮器电机不转	保险丝烧断、导线松动或接触不良、雨刮器开关损坏、电枢绕组断路或减速器齿轮损坏、转子卡死等

故障	原因分析
雨刮器动作迟缓	电压过低或开关接触不良、刮片与玻璃接触面脏污、电机轴承与减速器齿轮润滑不良、电刷接触不良等
开关断开后,雨刮器电机不能停转	控制开关触点烧结或短路、自动停位器触点损坏
刮片不能自行复位	雨刮器摆动不对称调整不当、自复位器搭铁不良或触点接触不良

分析：捷达车辆雨刮点动功能无效，可能的原因有哪些？

（2）确认车辆雨刮系统各个元件位置（见图 3-2-11～图 3-2-14）。

图 3-2-11（   ）

图 3-2-12（   ）

图 3-2-13（   ）

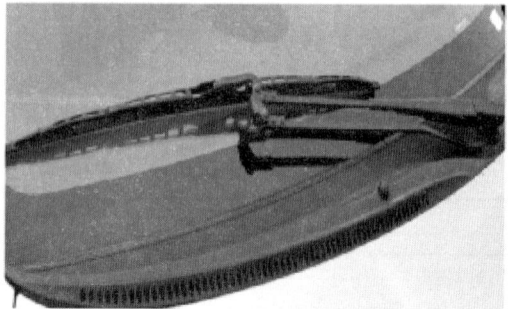

图 3-2-14（   ）

工作任务：正确使用检测仪器，检测雨刮系统电路，找出导致雨刮不工作故障元件，记录故障元件相关信息，说明故障原因。

请写出你的工作方案。

三、计划实施

1. 准备工作

（1）工装穿着整洁，戴好工作手套；

（2）车辆进入工位并可靠停驻（由指导教师操作）；

（3）准备好工具器材；

（4）准备好相关维修信息资料，待维修车辆维修手册。

2. 工作列表

表 3-2-3　雨刮器检查

序号	操作内容	测量端子	检查结论
1	电雨刮工作情况检查		
2	检查保险丝		
3	检查继电器		
4	雨刮插接器检查		
5	雨刮开关线束检查		
6	雨刮开关检查		
7	雨刮电机检查		
8	雨刮片检查		

四、检验评估

根据任务完成情况，完成评估反馈表。

表 3-2-4 评估反馈表

评价维度	具体评价内容	分值标准	学生得分	教师评语及建议	企业导师评语及建议
目标理解与达成	明确学习任务目标和要求	10分			
知识掌握程度	洗涤系统结构、功能理解电路分析熟练度	20分			
技能操作能力	拆卸与组装雨刮电机熟练度；零部件检测与故障判断能力	30分			
工作流程遵循度	遵循工作流程，自我检查	10分			
资源利用效率	维修手册查阅、车辆及工具使用情况	5分			
实际应用能力	在模拟实际场景下的问题解决能力	10分			
团队协作与沟通	团队合作角色扮演及信息交流效果	5分			
记录与报告	过程记录详尽准确，工作页填写质量	5分			
自我反思与改进	针对问题深度思考，提出改进措施	5分			
安全规范遵守	操作过程中的安全意识与规范操作	10分			
企业实践对接	对企业环境适应性及企业标准遵循情况	5分			

教师签字：_____   日期：_____

学生自评：我对自己的表现满意/有待提高的地方是 _____

学生签字：_____   日期：_____

企业导师签字：_____   日期：_____

注：根据学生的实际表现，在"学生得分"栏填入对应项目的具体得分；教师和企业导师在"评语及建议"栏提供具体的点评以及改进建议。

学习活动 3　车窗座椅检测维修

【学习目标】

（1）能够分析汽车车窗常见故障；

（2）能够正确使用检测仪器，对汽车车窗故障进行检测；

（3）能主动获取有效信息，展示工作成果，对学习与工作进行总结与反思；

（4）能与他人合作，进行有效沟通。

【建议学时】

8 学时。

【学习准备】

汽车灯光相关资料、维修手册、万用表等。

【学习信息收集】

一、汽车电动车窗组成与类型

电动车窗的玻璃起落器能自动升、降门窗玻璃，即便在行车进程中也能方便地开、关门窗，因此电动车窗又叫自动车窗，过去仅装在高级轿车上，目前轿车上已被普遍采纳。

电动车窗系统是通过开关操作开闭车窗的系统，当电动车窗开关操作时，电动车窗电动机旋转，车窗开闭调节器把电动车窗电动机的旋转运动转换成上下运动打开或关闭车窗。

（一）电动车窗的组成

汽车电动车窗由起落操纵开关、电动机、起落机构和继电器等组成（见图 3-3-1），它是利用开关操纵电动机的电流方向，实现车窗的升（关）降（开）。

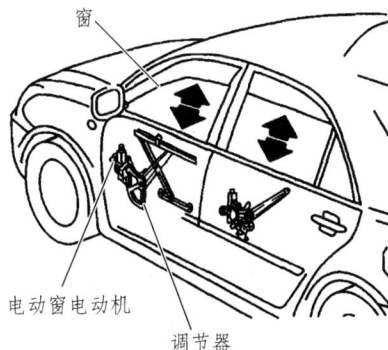

图 3-3-1　电动车窗组成

车窗电动机都是双向的，分永磁式和双绕组串励式两类。永磁式直流电动机是通过改变输入电枢绕组的电流方向使电动机以不同的方向旋转。双绕组串励式直流电动机有两个绕向相反的磁场绕组，一个称为上升绕组，另一个称为下降绕组，通电后产生相反方向的磁场，即可改变电动机的旋转方向。一样利用双向永磁绕线（双绕组串联）式电动机。

每一个车窗都有一个电动机，是一种不直接接地型电动机。为避免电途经载，电动车窗电路有一个或多个热敏开关，以避免电动机因超载而烧坏。热敏开关为双金属结构，当电动机电路电流过大时，双金属片受热，产生弯曲变形，使触点打开，切断电路；当电路断开后，双金属片冷却，变形消失，触点再次闭合。如此重复开闭，使电动机的平均电流不超过规定值，从而确保电动机不致过载烧坏。有的车上还设有一延时开关，可在点火开关断开后约 10 min 内或车门打开以前，电动车窗仍接通电源，使驾驶员或乘客仍可操纵操纵开关关闭车窗。

所有电动车窗都有两套操纵装置，一套为总开关，可由驾驶员通过总操纵开关操纵四个车窗的起落；另一套为分开关，别离装在每一个车窗中部，可由乘客操纵身旁车窗的起落。总开关和分开关互不干预，都可独立操纵。

（二）电动车窗的类型

电动车窗起落器要紧由车窗电动机和机械式玻璃起落机构两大部分组成。为了吸收冲击对机构的阻碍，一样还装有吸收冲击的缓冲装置。

机械式玻璃起落机构的结构有绳轮式、交臂式和软轴式三大类。其中以绳轮式结构为多，如富康、奥迪、桑塔纳轿车等；标致轿车采纳交臂式结构；北京切诺基越野车采纳软轴结构。

汽车电动车窗电动机多采纳直流电动机，内部装有减速装置。与不同的机械式玻璃起落机构相配合，电动机输出部分的结构也有所不同。

（1）绳轮式结构的电动机。

绳轮式结构电动机的动力输出部分是一个塑料绳轮，绳轮上绕有钢丝绳，钢丝绳上装有滑块，电动机驱动绳轮，带动钢丝绳卷绕，钢丝绳上的滑块带动玻璃，那么使玻璃沿导轨作上下运动。

（2）交臂式结构的电动机。

交臂式结构电动机的动力输出部分是一个小齿轮，经与之啮合的扇形齿板，通过交臂式起落机构，带动玻璃沿导轨作上下运动。

（3）软轴式结构的电动机。

软轴式结构电动机的动力输出部分也是一个小齿轮，通过与软轴上的齿（近似于齿条）相啮合，驱动软轴卷绕，带动玻璃沿导轨作上下运动。

有些汽车上的电动车窗由电动机直接作用于起落器，而有些是通过驱动机构作用于起落器，从而把电动机的转动转换成车窗的上下移动。车窗起落器有两种形式。一种是用齿扇来实现换向作用，齿扇上连有螺旋弹簧，当车窗上升时，弹簧伸展，放出能量，以减轻电机负荷；当车窗下降时，弹簧紧缩，吸收能量，从而使车窗不管是上升仍是下降，电机的负荷大体相同（见图 3-3-2）。另一种换向器是利用柔性齿条和小齿轮，车窗连在齿条的一端，电机带动轴端小齿轮转动，使齿条移动，以带动车窗起落（见图 3-3-3～图 3-3-6）。

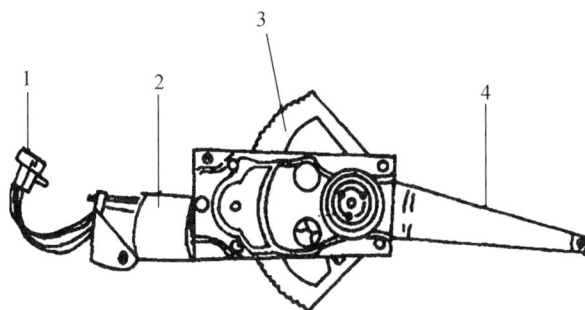

1—电缆接头；2—电机；3—齿扇；4—推力杆。

图 3-3-2　电动车窗齿扇式起落器

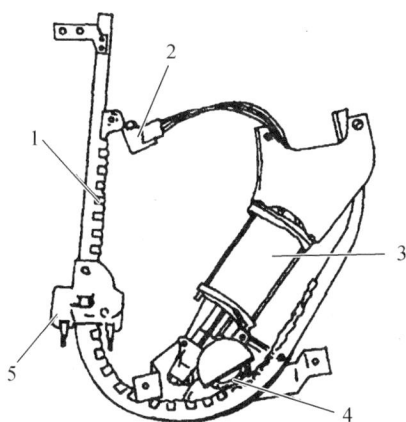

1—齿条；2—电缆接头；3—电动机；4—小齿轮；5—定位架。

图 3-3-3　电动车窗齿条起落器

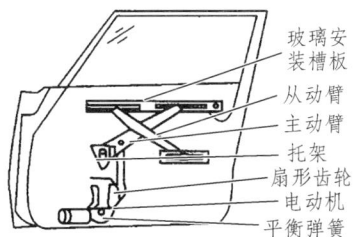

图 3-3-4　电动交叉臂式玻璃起落器

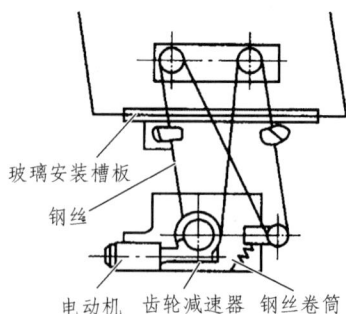

玻璃安装槽板

钢丝

电动机　齿轮减速器　钢丝卷筒

图 3-3-5　电动钢丝绳式玻璃起落器

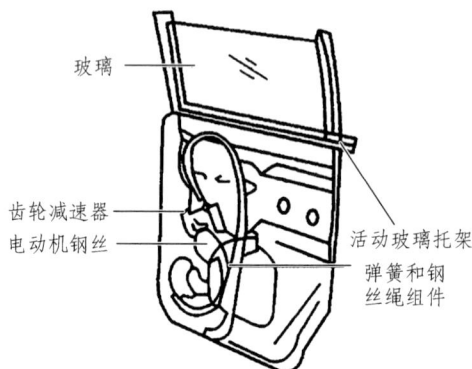

玻璃

齿轮减速器

电动机钢丝

活动玻璃托架

弹簧和钢丝绳组件

图 3-3-6　电动齿轮式玻璃起落器

二、电动车窗的工作原理

1. 永磁式电动机电动车窗的操纵电路

永磁式电动机通过升、降开关操纵其电流的方向，电路如图 3-3-7 所示。

（1）接通点火开关后，电动车窗继电器线圈通电，其触点闭合，接通了电动车窗操纵电路的电源，电动车窗可随时工作。

（2）主开关安装于驾驶员侧车门处或仪表板处，主开关包括操纵四个车窗玻璃起落的电动车窗开关和车窗锁止开关。车窗锁止开关在接通状态时，各车窗起落操纵开关都可操纵车窗玻璃的起落；车窗锁止开关断开时，那么只有驾驶员侧车窗可进行开、关操作。

（3）各车窗电动机电路都装有热敏开关，当车窗完全关闭、完全打开或由于车窗玻璃上结冰、卡滞等引发车窗玻璃无法移动时，电路的电流会增大，使热敏开关变热而自动打开。

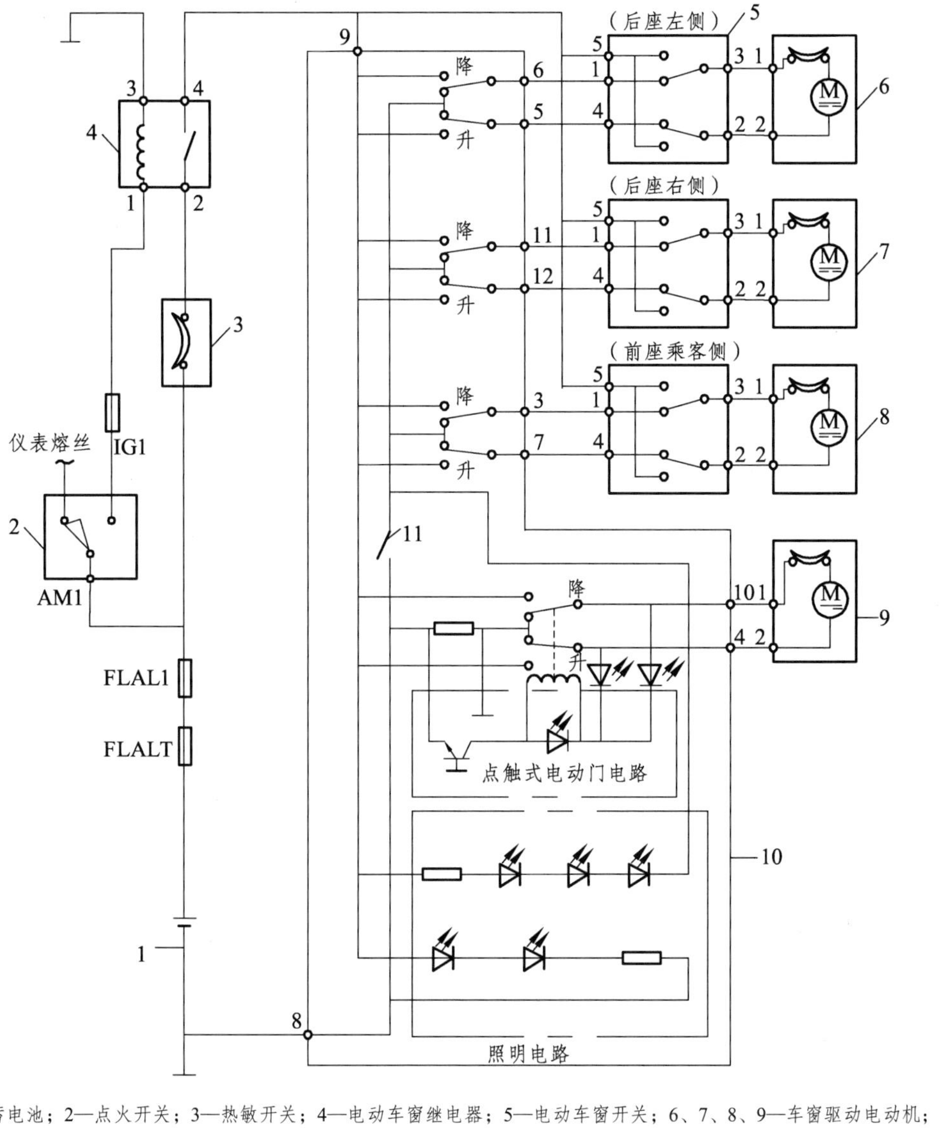

1—蓄电池；2—点火开关；3—热敏开关；4—电动车窗继电器；5—电动车窗开关；6、7、8、9—车窗驱动电动机；
10—电动车窗主开关；11—车窗锁止开关。

图 3-3-7　永磁式电动机电动车窗的操纵电路图

2. 励磁式电动机电动车窗的操纵电路

双绕组串励式电动机的两个磁场绕组绕向相反，通过起落开关操纵通电的磁场绕组，其是一个绕组通电时电动机的转动使车窗上升，另一个绕组通电时电动机那么反向转动使车窗下降。利用这种电动机的车窗操纵电路如图 3-3-8 所示。

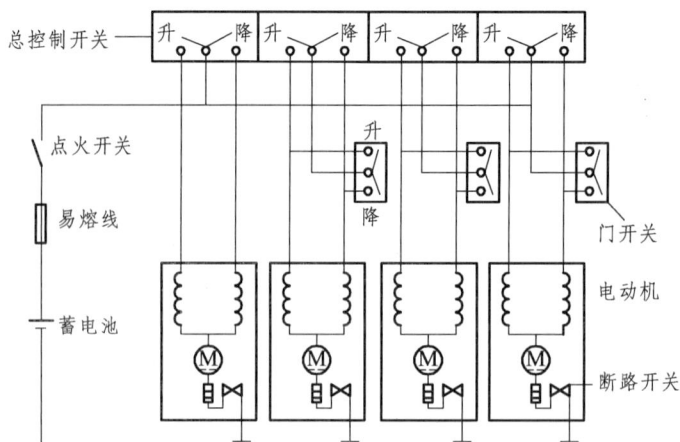

图 3-3-8　绕组串励式电动机电动车窗的操纵电路图

3. 工作原理

电动车窗是利用电动机作动力，通过车窗起落器来实现车窗的自动起落，其大体原理如下：

在每一个车门内设置一个可变换运动方向的直流电动机，通过转换开关，使电动机运转。在电动机的主轴上安装一个蜗轮，经蜗轮减速后，通过转筒和钢丝使玻璃平行地上下滑动，其上端和下端别离设置有挡块，经张紧筒和弹簧维持钢丝的必然拉力，使机构正常运行。

除钢丝式玻璃起落装置外，还有杠杆操纵式的。一样在每一个车门上均装有一个操纵开关，并在驾驶员一侧的车门上装有主开关，主开关上设计一个锁止开关。当锁止开关接通时，各门开关均能操纵各自车门的车窗玻璃；当锁止开关断开后，后面两个门的电路被切断，门上的开关便失去作用，使后座乘员不能操纵车窗玻璃，以保证乘员的安全。

现以桑塔纳 2000 轿车的电动车窗为例，说明电动车窗的工作原理。

桑塔纳 2000 型轿车采纳的电动车窗装置由翘板按键开关、传动机构、起落器及电动机组成。如图 3-3-9 所示，按键开关 E_{39}、E_{40}、E_{41}、E_{52}、和 E_{54} 被置在中央通道面板上的开关盘上，其中，按键开关 E_{39} 为平安开关，能够使后车窗开关 E_{53} 和 E_{55} 不起作用；E_{40}、E_{41}、E_{52} 和 E_{54} 别离为左前、右前和左后、右后门玻璃起落开关。为使左后和右后门玻璃能独立起落，在两后门上别离设置了 E_{53} 和 E_{55} 两个按键开关。V_{14}、V_{15}、V_{26} 和 V_{27} 别离是左前、右前、左后、右后车窗电动机，电动机为永磁直流电动机，正常工作电流为 4~15 A，电机内带有过载断路爱惜器，以避免电机超载烧坏。延时继电器 J_{52} 是保证在点火开关断开后，使车窗电路延时约 50 s 后再断开，利用方便、平安；自动继电器 J_{51} 用于操纵左前门车窗电机，实现点动操纵。

A　　C
S_{37}　　S_{12}
P+
P-
(82)
E_{41}　L_{53}　L_{53}　E_{52}　L_{53}　E_{54}　L_{53}
E_{40}　E_{39}
R　E_{53}　L_{53}　E_{55}　L_{53}
V_{15}
J_{51}　(80)　J_{52}　(15)
S_2　S_1　(31)
(52)　(52)　V_{14}　V_{26}　V_{27}

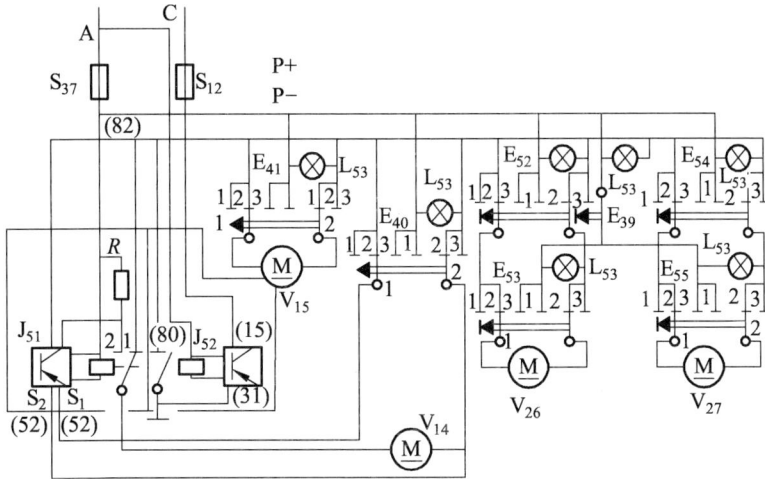

S_1、S_2、S_{12}、S_{37}—熔丝；E_{40}、E_{41}—右前、左前电动摇窗机开关；E_{52}、E_{53}—左后电动摇窗机开关；
E_{54}、E_{55}—右后电动摇窗机开关；L_{53}—电动摇窗机开关照明灯；J_{51}—电动摇窗机自动继电器；
J_{52}—电动摇窗机延时继电器；V_{14}—左前电动摇窗机电动机；V_{26}—左后电动摇窗机电动机；
V_{27}—右后电动摇窗机电动机。

图 3-3-9　桑塔纳 2000 轿车电动车窗操纵电路

工作原理如下：

接通点火开关后，延时继电器 J_{52} 与 C 路电源相通，其常开触点闭合，按键开关内的 P-通过该触点接地，而 P+通过熔断器 S_{37} 与 A 路电源相通，现在，按动按键开关即可使车窗电机转动。

（1）发动机熄火后的延时操纵：关闭点火开关后，C 路电源断电，延时继电器 J_{52} 由 A 路电源供电，延时 50 s 后，继电器触点断开，按键开关的搭铁线被切断，所有按键开关失去操纵作用。

（2）后车窗电机的操纵：左后门和右后门的车窗电机各由两个按键开关 E_{52}、E_{53} 和 E_{54}、E_{55} 操纵，E_{52} 和 E_{54} 安装在中央通道面板上，供驾驶员操纵，E_{53} 和 E_{55} 别离安装在两后门上，供后座乘员操纵。同一后门的两个开关采用级联方式连接，当两个开关被同时按下时没有操纵作用，只有当某一开关被按下时，才有操纵作用。在平安开关 E_{39} 被按下的情形下，E_{39} 的常闭触点断开，切断了后车门上控键开关 E_{53} 和 E_{55} 的电源，使其失去了对各自车窗电机的操纵，起到了保证乘员安全的作用。

① 车窗玻璃上升：在平安开关 E_{39} 没有被按下的情形下，将 E_{52}（E_{54}）置上升位，车窗电机 V_{26}（V_{27}）正转，带动左后（右后）车门玻璃上升。其电路为：A 路电源→熔断器 S_{37}→P+→E_{52}（E_{54}）→E_{53}（E_{55}）→左后（右后）门窗电机 V_{26}（V_{27}）→E_{53}（E_{55}）→E_{52}（E_{54}）→P-→J_{52} 触点→接地→电源负极。若是按下左后（右后）车门上 E_{53}（E_{55}）的上升键位，车窗电机 V_{26}（V_{27}）一样可带动车门玻璃上升，现在其电路为：A 路电源→熔断器 S_{37}→P+→E_{39}→E_{53}（E_{55}）→左后（右后）门车窗电机 V_{26}（V_{27}）→E_{53}（E_{55}）→E_{52}（E_{54}）→P-→J_{52} 触点→搭铁→电源负极。

② 车窗玻璃下降：在平安按键开关 E_{39} 没有被按下的情形下，按下 E_{52}（E_{54}）或 E_{53}

（E$_{55}$）的下降位，车窗电机 V$_{26}$（V$_{27}$）电枢电流的方向与上述情形相反，电机反转，带动左后（右后）车门玻璃下降。

（3）前车窗电机的操纵：右前门车窗电机 V$_{15}$ 由按键开关 E$_{41}$ 操纵，而左前门车窗电机 V$_{14}$ 由按键开关 E$_{40}$ 和自动继电器 J$_{51}$ 操纵，且具有点动自动操纵功能。

① 车窗玻璃上升：按下按键开关 E$_{41}$ 的上升键位时，车窗电机 V$_{15}$ 正转，带动右前门车窗玻璃上升，其电路为：A 路电源→熔断器 S$_{37}$→P+→E$_{41}$→车窗电机 V$_{15}$→E$_{41}$→P-→J$_{52}$ 触点→搭铁→电源负极。

按下按键开关 E$_{40}$ 的上升键位时，P+和 P-经 E$_{40}$ 分别接至自动继电器 J$_{51}$ 的输入端 S$_2$ 和 S$_1$，现在，自动继电器 J$_{51}$ 的触点 1 闭合，触点 2 断开，车窗电机 V$_{14}$ 正转，带动左前门玻璃上升，车窗电机的电路为：A 路电源→熔断器 S$_{37}$→P+→E$_{40}$→车窗电机 V$_{14}$→J$_{51}$ 的常闭触点 1→P-→J$_{52}$ 触点→搭铁→电源负极。按键开关 E$_{40}$ 复位时，上述电路被切断，电机 V$_{14}$ 停转。

② 车窗玻璃下降：按下按键开关 E$_{41}$ 的下降键位时，车窗电机 V$_{15}$ 反转，带动右前门车窗玻璃下降，其电流通路与上升时相反。

按下按键开关 E$_{40}$ 的下降键位时，P+和 P-经 E$_{40}$ 分别接至自动继电器 J$_{51}$ 的输入端 S$_1$ 和 S$_2$，现在，自动继电器 J$_{51}$ 的触点 2 闭合，触点 1 断开。车窗电机 V$_{14}$ 的电路为：A 路电源→熔断器 S$_{37}$→P+→取样电阻 R→J$_{51}$ 的触点 2→V$_{14}$→E$_{40}$→P-→J$_{52}$ 触点→搭铁→电源负极，流过电机 V$_{14}$ 的电流方向与上升时相反，电机反转，带动玻璃下降。将手抬起时 E$_{40}$ 复位，J$_{51}$ 的触点也复位（触点 2 断开，触点 1 闭合），切断了上述电路，电机停转。

③ 点动自动操纵：当按下按键开关 E$_{40}$ 下降键位的时刻≤300 ms 时，自动继电器 J$_{51}$ 判定为点动自动下降操作，于是继电器动作，使触点 2 闭合。流过车窗电机 V$_{14}$ 的电流方向与正常下降操作时相同，电机反转，车窗玻璃下降。若是在下降期间 E$_{40}$ 的上升键位不被按下，继电器 J$_{51}$ 的触点 2 将一直处于闭合状态，直至玻璃下降到底，电机 V$_{14}$ 堵转，现在，电枢电流将增大，当电流增至约 9A 时，取样电阻 R 上的电压使继电器 J$_{51}$ 动作，触点 2 断开，自动切断车窗电机的通电回路，电机停转；若是在下降期间，按下 E$_{40}$ 的上升键位，继电器 J$_{51}$ 将判定为下降操作终止，触点 2 断开，车窗电机 V$_{14}$ 停转。如此，通过对按键开关 E$_{40}$ 进行点动操纵就能够使左前车窗玻璃停止在任意位置。

三、电动车窗的新功能

1. 手动开/关的功能
当电动车窗开关被推或拉到一半时，窗户打开或关闭直至开关被松开。

2. 单触式自动开/关功能
当电动车窗开关被推或拉到底时，窗户全开或全关。

有些车型只有自动打开的功能，有些车型只有驾驶员窗有自动开关功能（见图 3-3-10）。

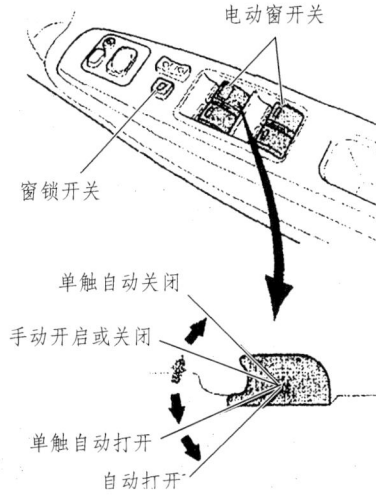

图 3-3-10　驾驶员侧门边开关

3. 车窗锁止功能

当车窗锁止开关打开时，除驾驶员车窗外，所有车窗打开和关闭功能失效。

4. 防夹功能

在单触式自动关窗期间，若是异物卡在窗内，此功能自动停止电动车窗，并将车窗玻璃向下移动大约 50 mm（见图 3-3-11）。

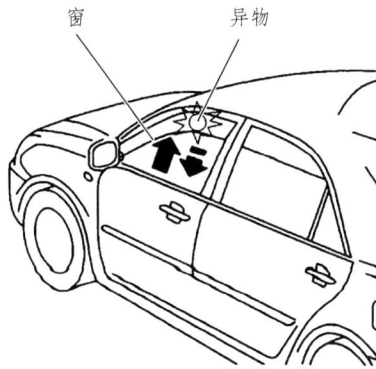

图 3-3-11　防夹功能

5. 无钥匙电动窗功能

若是驾驶员车门不打开，在点火开关置到 ACC 或 LOCK 位置后大约 45 s 的时刻里，此功能许诺电动车窗系统的操作（见图 3-3-12）。驾驶员车门锁芯联动功能，此功能依照驾驶员车门锁芯和无线操纵门锁的操作打开和关闭车窗。

图 3-3-12 无钥匙电动窗功能

6. 电动机热敏功能

为避免车窗起落电动机过热，每一个电动机都有自己的热敏装置，电动机运行时刻在一个计数器内累加，计数器的初始值由环境温度确定。若是计数器超过了一个阈值，就不能再同意新的操作功能，但正在进行的移动仍可继续进行，若是电动机关闭了计数器数值，会从头减小阈值，当减小到小于阈值后又能同意操作要求了。

7. 负荷中断功能

为爱惜蓄电池，车窗起落机在启动发动机时不能操作。每一个正在进行的动作（如打开或点动自动功能）会当即终止，车窗起落机停止运行。起动进程终止后，车窗可通过从头操纵而完全恢复功能。

8. 低压断电功能

供电电压就在本地车门模块内被监控，若是供电电压小于 9 V，车窗起落机将闭锁，每一个正在进行的动作将中断。

9. 便利开启/关闭功能

便利功能用于上车前或下车后能够关闭或打开所有车窗，借助于无线电遥控钥匙或通过钥匙在驾驶员侧车门锁上的机械操作，能够触发便利开启/关闭功能。每一个车窗按后部车窗起落机、前部车窗起落机的顺序依次关闭。

四、汽车电动车窗系统的组成部件

电动车窗系统组成如图 3-3-13 所示。

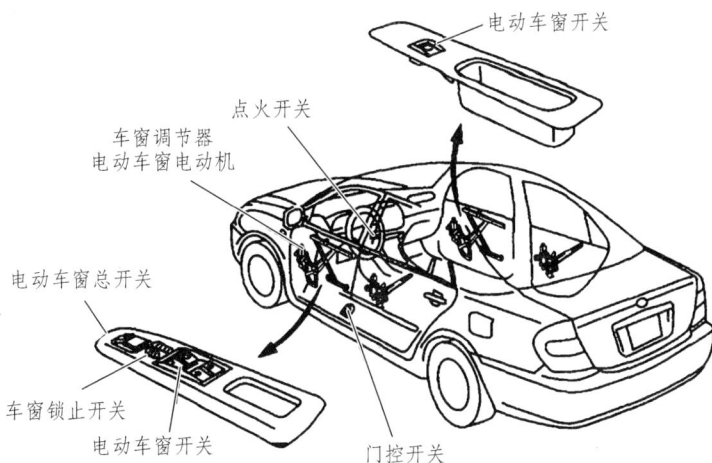

图 3-3-13　电动车窗系统组成

1. 车窗开闭调节器

（1）功能。电动车窗电动机的旋转运动被转换为上下运动，打开和关闭车窗。

（2）结构。车窗由车窗开闭调剂器提升臂支持，它用 X 臂支持，车窗开闭调剂器均衡器臂与其相连，车窗用 X 臂高度的改变来打开和关闭（见图 3-3-14）除 X 臂型车窗开闭调剂器外，还有拉索型和单臂型的车窗开闭调剂器。

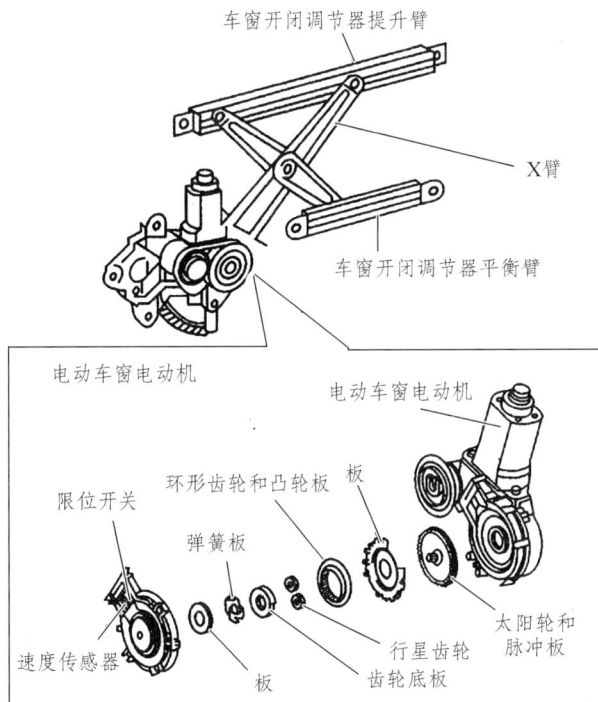

图 3-3-14　窗开闭调节器与电动车窗电动机

2. 电动车窗电动机

（1）功能。电动车窗电动机正向或反向转动，驱动车窗开闭调节器。

（2）结构。它由电动机、传动机构和传感器三部分组成。通过开关操作，电动机正向和反向转动。传动装置将电动机旋转传输到车窗开闭调剂器。传感器由用于操纵防夹功能的限位开关和速度传感器组成。

3. 电动车窗总开关

电动车窗总开关操纵整个电动车窗系统。

电动车窗总开关驱动所有电动车窗电动机。

车窗锁止开关使车窗的开、关无效，驾驶员的车窗除外。

依照驾驶员侧的电动车窗电动机来的速度传感器和限位开关信号进行是不是卡住的判定（带有防夹功能的车型）。

4. 电动车窗开关

各电动车窗开关别离驱动前部乘员和后面乘员车窗的电动车窗电动机。

5. 点火开关

点火开关将 ON，ACC 或 LOCK 信号传输到电动车窗总开关，以便操纵无钥匙电动车窗功能。

6. 门控开关

门控开关将驾驶员车门的打开或关闭信号（门打开：ON，关闭：OFF）传送到电动车窗总开关以便操纵无钥匙电动车窗功能。

7. 电源治理系统

当电源电压低于 9 V 时或起动机启动进程中终止电动车窗供给电源。

8. 中控系统

要紧利用在便利开启/关闭车门。

五、丰田车系防夹功能

在丰田车系中，利用的防夹功能有两种类型：带有限位开关防夹功能与不带限位开关防夹功能。

1. 带有限位开关防夹功能

它由电动车窗电动机、1 个霍尔 IC 传感器和限位开关。当车窗玻璃向上移动，霍尔 IC 传感器监测它的工作情形，若是限位开关没有接通时，而碰到有异物卡在窗内，此功能自动停止，同时电动车窗并将向下移动大约 50 mm（见图 3-3-15）。

当点火开关处于 ON 位置，且驾驶员的电动车窗开关被拉到 UP 挡或 AUTO 挡时，一个车窗玻璃上升的信号被输入到 IC。因为 IC 有按时器电路而且当车窗玻璃上升信号被输入时，此按时器电路将维持 ON 的情形最多 10 s，若是驾驶员车窗完全关闭而且 IC 检测到来自电动车窗电动机的速度传感器和限位开关的电动机锁止信号，或者按时电路关闭，电动车窗电动机停止转动。车窗玻璃电动机如图 3-3-16 所示。

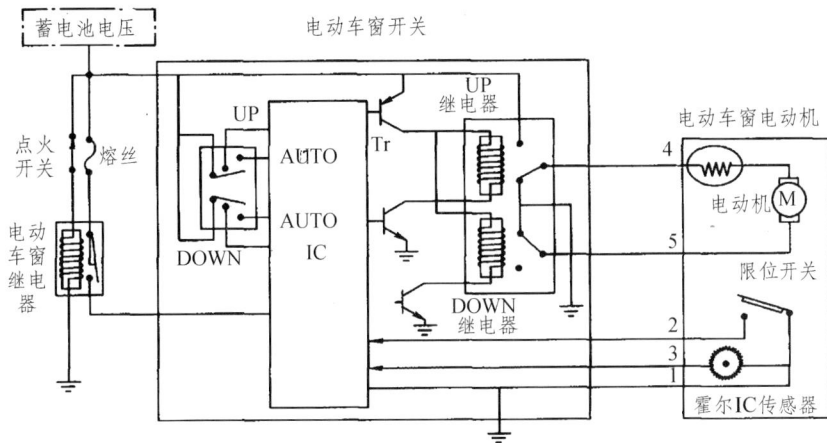

图 3-3-15　带有限位开关防夹功能

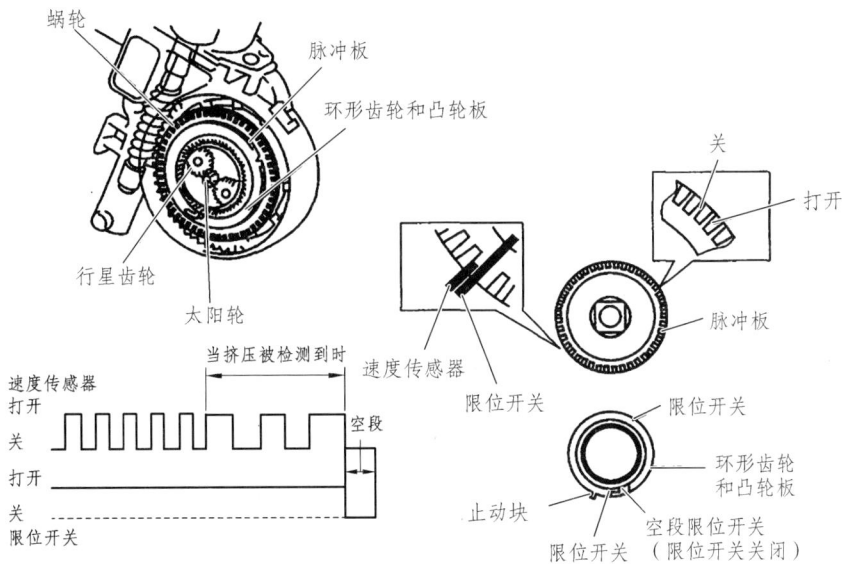

图 3-3-16　车窗玻璃电动机总成

通过两个部件检测窗户是不是被卡住：电动车窗电动机中的限位开关和速度传感器。

速度传感器依照电动机转速发出一个脉冲信号，从脉冲波长的转变能够检测出车窗是不是卡住。

限位开关依照齿圈的空段来判别是卡住情形下的脉冲信号波长改变，仍是车窗已经完全关闭情形下的脉冲信号波长改变。

当电动车窗开关从电动车窗电动机收到卡住信号时，它关掉 UP 继电器，打开 DOWN 继电器大约 1 s，以退回车窗玻璃大约 50 mm，以避免车窗玻璃更进一步关闭（见图 3-3-17）。

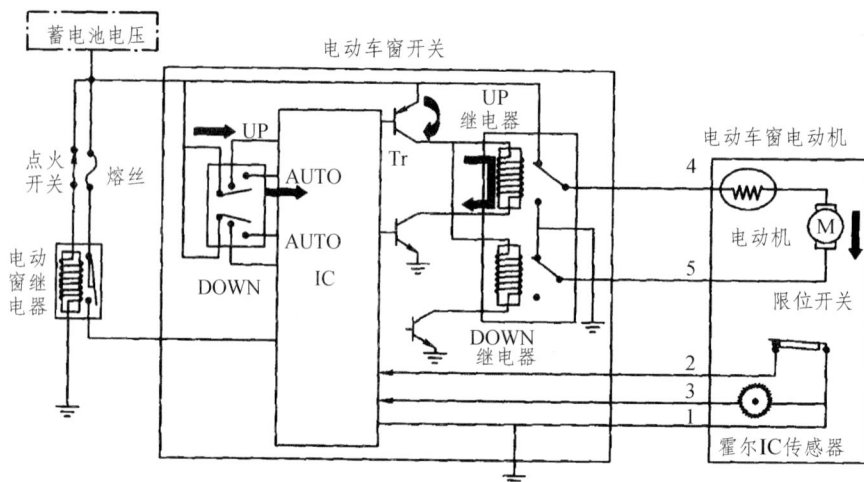

图 3-3-17　电动车窗马达防夹原理图

能够通过在窗户和窗框之间插入一物体（如捶柄）来检测防夹功能的运行。因为若是当窗户处于几乎要关闭的状态时，防夹功能不触发，因此用手实验会引发损害。有些老型号没有防夹爱惜功能。

在下述情形下，电动车窗电动机需要重置（到限位开关的初始位置）：

（1）当车窗开闭调节器和电动车窗电动机断开时。

（2）车窗没有装上，触发了车窗开闭调节器时。

（3）执行了任何改变车窗关闭位置的操作，如改换了车门玻璃槽时。

2. 不带限位开关防夹功能

它由车窗电动机和 2 个霍尔 IC 传感器组成（见图 3-3-18）。当车窗玻璃向上移动，霍尔 IC 传感器监测它的工作情形；若是车窗玻璃电脑接收到的信号，尚未识别到车窗玻璃上升到顶位时，而现在碰到有异物卡在窗内，此功能自动停止，同时电动车窗将向下移动大约 50 mm。

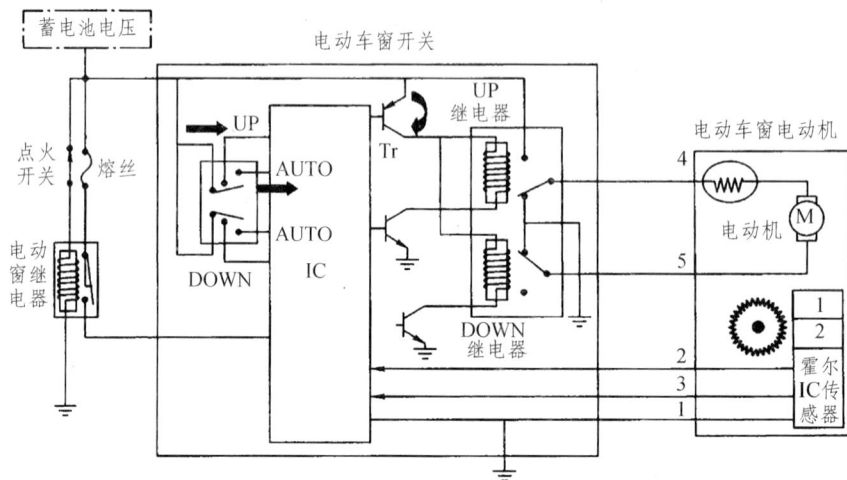

图 3-3-18　不带限位开关防夹功能原理图

当点火开关处于 ON 位置，且电动车窗开关被拉到 UP 挡或 AUTO 挡时，一个车窗玻璃上升的信号被输入到 IC。因为 IC 有按时器电路且当车窗玻璃上升信号被输入时，此按时器电路将维持 ON 的情形最多 10 s，若是驾驶员车窗完全关闭，而且霍尔 IC 传感器输入转速信号到电动车窗 IC 时，按时电路关闭，电动车窗电动机停止转动。

电动车窗电动机总成如图 3-3-19 所示。

图 3-3-19　电动车窗电动机总成

电动车窗电动机工作时，电动机内的两个霍尔传感器产生两个脉冲信号，当车窗开关 IC 识别到图 3-3-20（a）信号时，车窗玻璃为下降；当车窗开关 IC 识别到图 3-3-20（b）信号时，车窗玻璃为上升。

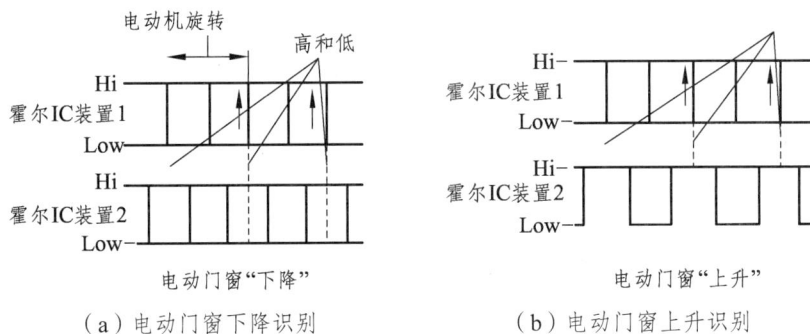

（a）电动门窗下降识别　　　　　（b）电动门窗上升识别

图 3-3-20　电动车窗电动机起落识别

3. 电动车窗防夹功能的初始化设定

当发生以下情形时，需要对系统进行初始化设定：

- 切断供电。
- 自动向上操作不能执行。
- 分开关线束插头。
- 起落器总成的拆除和安装。
- 作为独立设备进行起落器总成的操作。
- 车门玻璃的拆除和安装。

（1）新皇冠电动门窗的初始化设定。

当以下之一情形显现时，有必要从头设定电动窗电动机操作（初始化脉冲传感器）：① 电缆从蓄电池负极（－）端子断开；② 改换或拆下/安装多路传输网络主开关、多路传输网络开关、多路传输网络车门 ECU、线束、电动窗起落调节器或电动窗电动机；③ 改换与电动窗操纵系统相关的熔丝或继电器，除非从头设定电动机，不然多路传输网络主开关的 AUTO 操作功能，即防夹伤功能和遥控器操作功能将不起作用。

用各自的多路传输网络开关从头设定电动窗起落调剂器电动机，电机不能由用多路传输网络主开关的遥控操作来从头设定。

为避免强电流从导线中流过，不要同时从头设定 2 个或更多的电动窗起落调剂器电动机。

若是电动窗开关被持续长时刻操作，电动窗起落调节器电动机将会停止转动以使额外的负荷可不能加到电动机上。在限制 AUTO UP/DOWN 功能和遥控 UP/DOWN 功能的同时，即便在电动机停止转动以后继续操作开关，也会引发开关的 AUTO 灯闪烁。若是出现了这种情形，几分钟过去以后再从头设定电动机。

① 打开点火开关（IG）。

② 用开关将电动窗打开到半程。

③ 完全推上开关直到电动窗完全关闭，并在电动窗完全关闭以后，将开关继续维持 1 s 或更长时刻。

④ 检查 AUTO UP/DOWN 功能操作是不是正常。若是 AUTO UP/DOWN 功能运行正常，那么从头设定操作完成。若是不正常，进行步骤（5）~（7）。

⑤ 将电缆从蓄电池负极（－）端子断开 10 s。

⑥ 将电缆连接到蓄电池负极（－）端子上。

⑦ 再将进行步骤（1）~（4）。若是 AUTO UP/DOWN 功能运行正常，那么从头设定操作完成。若是不正常，进行步骤（8）~（11）。

⑧ 打开点火开关（IG）。

⑨ 用开关将电动窗打开到半程。

⑩ 完全推上开关直到电动窗完全关闭，并在电动窗完全关闭以后将开关继续维持 12s。

⑪ 检查 AUTO UP/DOWN 功能是不是正常。

（2）丰田佳美的初始化设定。

注意：当拆开玻璃起落器和起落电动机或没有玻璃时动作玻璃起落器后，需要从头设置玻璃起落电动机（极限开关初始位置）。

① 拆下玻璃起落电动机，在玻璃起落电动机和玻璃起落器上作记号。

② 插上玻璃起落电动机和电动玻璃起落开关的插头。

③ 打开点火开关至 ON 位置，操作电动玻璃起落开关，让玻璃起落电动机向上升方向空转 6 圈以上，但小于 10 圈（多于 4 s）。

④ 把玻璃起落机和起落电动机装在一路，在起落器低于中间点时装上电动机。

⑤ 在安装玻璃起落电动机时，对准玻璃起落电动机和玻璃起落的记号。

【学习过程】

一、任务分工

表 3-3-1　任务分工

小组编号：

学生姓名	任务分工	工具设备准备	备注
			组长

二、制定汽车前照灯故障排除计划

车窗故障现象与可能原因如表 3-3-2 所示。

表 3-3-2　车窗故障与原因

故障	原因分析
某个车窗只能向一个方向运动	分开关故障分开关故障或分开关至主开关可能出现断路
某个车窗两个方向都不能运动	传动机构卡住、电动机损坏、继电器烧蚀、开关损坏、分开关至电动机断路
两个后车窗分开关不起作用	断路开关或主开关有故障
开关断开后，雨刮器电机不能停转	控制开关触点烧结或短路、自动停位器触点损坏
所有车窗均不能升降或偶尔不能升降	搭铁线搭铁不牢

分析：捷达车辆右前车窗无法升降，可能的原因有哪些？

三、计划实施

1. 准备工作

（1）工装穿着整洁，戴好工作手套。

（2）车辆进入工位并可靠停驻（由指导教师操作）。

（3）准备好工具器材。

（4）准备好相关维修信息资料。待维修车辆维修手册。

2. 实施过程

确认车辆车窗升降系统各个元件位置（见图 3-3-21 ~ 图 3-3-25）。

图 3-3-21（　　　　　）

图 3-3-22（　　　　　）

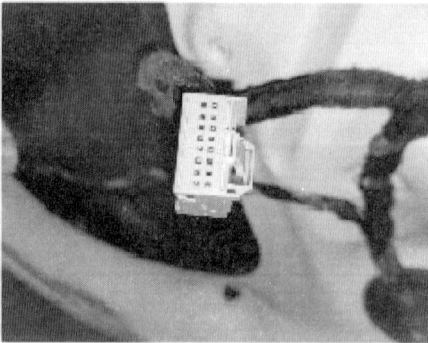

图 3-3-23（　　　　　）

图 3-3-24（　　　　　）

图 3-3-25（　　　　　　）

3. 工作列表

表 3-3-3　车窗检查

序号	操作内容	测量端子	检查结论
1	车窗升降工作情况检查		
2	检查保险丝		
3	检查继电器		
4	车窗升降器插接器检查		
5	车窗开关线束检查		
6	车窗开关检查		
7	车窗电机检查		

四、检验评估

根据任务完成情况，完成评估反馈表。

表 3-3-4 评估反馈表

评价维度	具体评价内容	分值标准	学生得分	教师评语及建议	企业导师评语及建议
目标理解与达成	明确学习任务目标和要求	10 分			
知识掌握程度	车窗结构、功能理解；电路分析熟练度	20 分			
技能操作能力	拆卸与组装车窗的熟练度；零部件检测与故障判断能力	30 分			
工作流程遵循度	遵循工作流程，自我检查	10 分			
资源利用效率	维修手册查阅、车辆及工具使用情况	5 分			
实际应用能力	在模拟实际场景下的问题解决能力	10 分			
团队协作与沟通	团队合作角色扮演及信息交流效果	5 分			
记录与报告	过程记录详尽准确，工作页填写质量	5 分			
自我反思与改进	针对问题深度思考，提出改进措施	5 分			
安全规范遵守	操作过程中的安全意识与规范操作	10 分			
企业实践对接	对企业环境适应性及企业标准遵循情况	5 分			

教师签字：_____ 日期：_____

学生自评：我对自己的表现满意/有待提高的地方是 _____

学生签字：_____ 日期：_____

企业导师签字：_____ 日期：_____

注：根据学生的实际表现，在"学生得分"栏填入对应项目的具体得分；教师和企业导师在"评语及建议"栏提供具体的点评以及改进建议。

学习任务四　空调与舒适系统检测维修

工作情景

周一下午，资深汽车空调维修专家小王正在一所现代化汽车维修学校的实训车间内指导一群实习学员。此刻，一位社区居民驾驶着他那辆老旧但深受喜爱的国产轿车抵达实训场地，面带困扰地向小王叙述了车辆空调系统的问题。车主表示："小王老师，我这辆车最近一段时间里，空调制冷效果明显减弱，尤其是在炎热的天气里，车内温度无法降低到舒适的水平，这对我和乘客的舒适度造成了很大影响。"

小王作为资深汽车空调维修专家和实训导师，敏锐地捕捉到了车主所述的关键信息，并注意到车辆内部空调出风口并未发现明显的物理损伤。基于丰富的实践经验，小王推测这可能是由于空调压缩机故障、冷媒泄漏或者蒸发器堵塞及相应电路故障所引起的。为使学员们能够实地学习和掌握前空调系统的检测维修技能，小王首先耐心地向车主保证会迅速定位问题并妥善处理。随后，小王指导学员们按照正规的工作流程开始作业。

任务描述

按照专业水平对汽车空调系统进行拆装，对主要零部件进行检测，针对检测的结果和有关现象，调整或更换相关零部件，检查汽车空调状态及调整方法。

工作流程与活动

（1）制冷性能检测维修（8学时）；
（2）制冷系统部件检修（8学时）；
（3）通风系统部件维修（8学时）。

学习活动 1　制冷性能检测维修

【学习目标】

（1）理解汽车空调系统的基本原理和工作流程；

（2）掌握汽车空调系统主要部件的功能和结构特点；

（3）能够熟练运用专业工具和设备对汽车空调系统进行拆装和检测；

（4）能够根据检测结果和现象，准确判断汽车空调系统存在的问题；

（5）能够独立完成汽车空调系统常见故障的维修和调整；

（6）具备良好的安全操作意识和规范操作习惯；

（7）提高团队协作能力和沟通技巧，能够在实际工作中与车主有效沟通，提供专业的服务建议。

【建议学时】

8学时。

【学习准备】

（1）汽车空调系统维修手册或参考资料；

（2）汽车空调系统拆装和检测所需的专用工具；

（3）实训车辆；

（4）安全防护装备（如护目镜、手套等）。

【学习信息收集】

一、汽车空调系统的基本原理

1. 汽车空调系统的功能

汽车空调系统是一种用于维持车辆内部温度和湿度的系统，旨在提供驾驶员和乘客舒适的乘坐环境。现在汽车空调主要包含四种功能：

（1）控制车厢内的气温，加热空气或冷却空气，把车内温度控制到舒适的水平；

（2）排出空气中的湿气，干燥空气吸收人体汗液，以营造更舒适的环境；

（3）吸入新鲜空气，具有通风及换气功能；

（4）过滤空气，排除空气中的灰尘和花粉

2. 汽车空调系统的组成

汽车空调系统主要由压缩机、冷凝器、蒸发器、孔管或膨胀阀、储液干燥器、高低压管路、鼓风机、控制电路等部分组成，各部分之间采用铜管（或铝管）与高压橡胶管连接成一个密闭系统（见图4-1-1）。

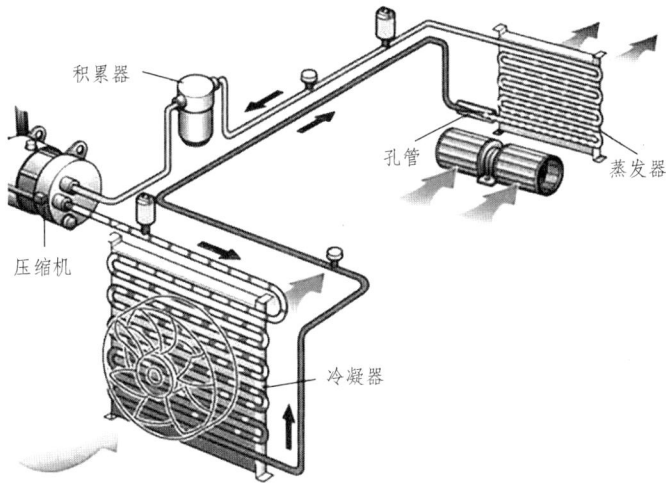

图 4-1-1 汽车空调系统的组成

3. 汽车空调的制冷工作原理

如图 4-1-2 所示，压缩机运转时，将蒸发器内产生的低温低压制冷剂蒸气吸入并压缩后，在高温高压（约 70 ℃，1 471 kPa）的状况下排出。这些气态制冷剂流入冷凝器，并在此受到散热器和冷却风扇的作用强制冷却到 50 ℃ 左右。这时，制冷剂由气态变成液态。被液化了的制冷剂，进入干燥过滤器，除去水分和杂质后，流入膨胀阀。高压的液态制冷剂从膨胀阀的小孔流出，变为低压雾状后流入蒸发器。雾状制冷剂在蒸发器内吸热气化变成气态制冷剂，从而使蒸发器表面温度下降。从送风机进来的空气，不断流过蒸发器表面，被冷却后送进车厢内，使车厢内降温。气态制冷剂通过蒸发器后又重新被压缩机吸入，这样反复循环即可达到制冷的目的。制冷循环的工作原理具体由压缩、放热、节流和吸热四个过程组成。

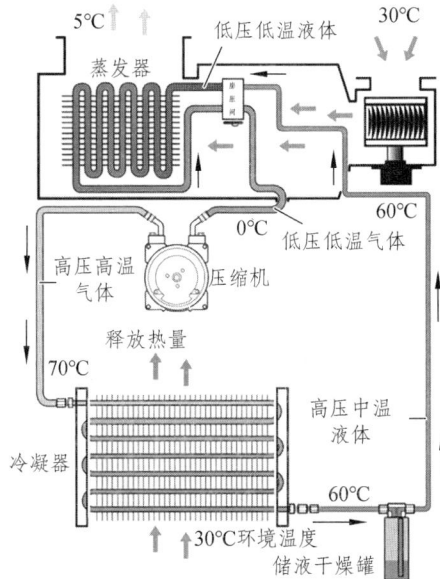

图 4-1-2 汽车空调的制冷工作原理

139

（1）压缩过程。

压缩机吸入蒸发器出口处的低温低压的制冷剂气体，把它压缩成高温高压的气体，然后送入冷凝器。此过程的主要作用是压缩增压，以便气体易于液化。压缩过程中，制冷剂状态不发生变化，而温度、压力不断升高，形成过热气体。

（2）放热过程。

高温高压的过热制冷剂气体进入冷凝器（散热器）与大气进行热交换。由于压力及温度的降低，制冷剂气体冷凝成液体，并放出大量的热。此过程作用是排热、冷凝。冷凝过程的特点是制冷剂的状态发生变化，即在压力、温度不变的情况下，由气态逐渐向液态转变。冷凝后的制冷剂液体是高压高温液体。制冷剂液体过冷，过冷度越大，在蒸发过程中其蒸发吸热的能力也就越大，制冷效果越好，即产冷量相应增加。

（3）节流过程。

高压高温制冷剂液体经膨胀阀节流降温降压，以雾状（细小液滴）排出膨胀装置。该过程的作用是使制冷剂降温降压，由高温高压液体，迅速地变成低温低压液体，以利于吸热、控制制冷能力以及维持制冷系统正常运行。

（4）吸热过程。

经膨胀阀降温降压后的雾状制冷剂液体进入蒸发器，因此时制冷剂沸点远低于蒸发器内温度，故制冷剂液体在蒸发器内蒸发、沸腾成气体。在蒸发过程中大量吸收周围的热量，降低车内温度。而后低温低压的制冷剂气体流出蒸发器等待压缩机再次吸入。吸热过程的特点是制冷剂状态由液态变化到气态，此时压力不变，即在定压过程中进行这一状态的变化。

二、汽车空调系统主要部件的功能和结构特点

1. 空调压缩机

功用：汽车空调系统的压缩机（见图4-1-3）安装在发动机前部，由发动机曲轴上的驱动轮经驱动带驱动旋转。压缩机是制冷循环系统的动力源，其功用是驱动制冷剂循环流动，将低温、低压的气态制冷剂压缩成高温、高压的气态制冷剂。

图 4-1-3　空间压缩机

分类：空调压缩机种类繁多，形式各异，主要有斜盘式（翘板式）、曲柄连杆式、转子式、叶片式、螺杆式和涡旋式六种。目前，汽车空调系统一般都采用斜盘式、曲柄连杆式或转子式压缩机。

2. 冷凝器

功用：冷凝器（见图4-1-4）是热交换装置，它的功用是将空调压缩机送来的高温、高压气态制冷剂中的热量散发到车外，使制冷剂冷凝成高温、高压液体再进入储液干燥器。

结构：冷凝器通常设置在散热器前面，一般采用铝质材料制造。

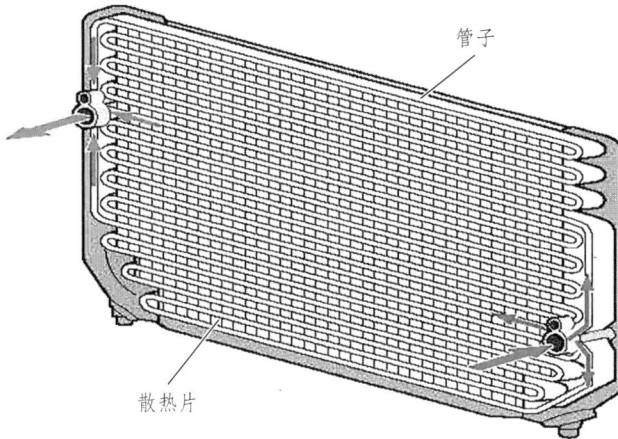

图 4-1-4　冷凝器

3. 蒸发器

蒸发器（见图4-1-5）是热交换装置，一般采用铝质材料制造，其在车内的安装位置视车型而定。空调系统工作时，来自节流装置的低温、低压液态雾状制冷剂通过蒸发器管道时蒸发，吸收车内空气的大量热量而制冷，同时低压雾状制冷剂变为低压气态制冷剂，并回到压缩机。

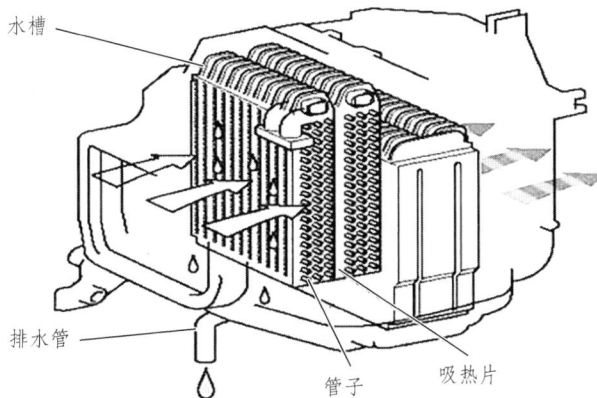

图 4-1-5　蒸发器

4. 贮液干燥器

贮液干燥器实际上是一个贮存制冷剂及吸收制冷剂水分、杂质的装置（见图 4-1-6）。一方面，它相当于汽车的油箱，为泄漏制冷剂多而出的空间补充制冷剂。另一方面，它又像空气滤清器那样，过滤掉制冷剂中掺杂的杂质。贮液干燥器中还装有一定的硅胶物质，起到吸收水分的作用。

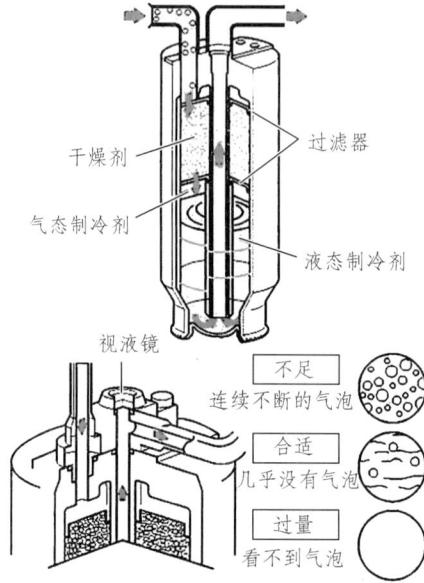

干燥剂
过滤器
气态制冷剂
液态制冷剂
视液镜

不足
连续不断的气泡

合适
几乎没有气泡

过量
看不到气泡

图 4-1-6　贮液干燥器

5. 膨胀阀

膨胀阀（见图 4-1-7）的作用是降低进入蒸发器内的制冷剂的压力，控制进入蒸发器内的制冷剂的流量。压力降低，温度同时降低，制冷剂雾化成液态微粒，制冷剂易于吸热而蒸发膨胀。控制进入蒸发器内的制冷剂的流量可以防止因制冷剂流量过大使蒸发器温度过低而结冰，也可以防止因制冷剂流量过小使蒸发器过热而使空调系统制冷度不足。

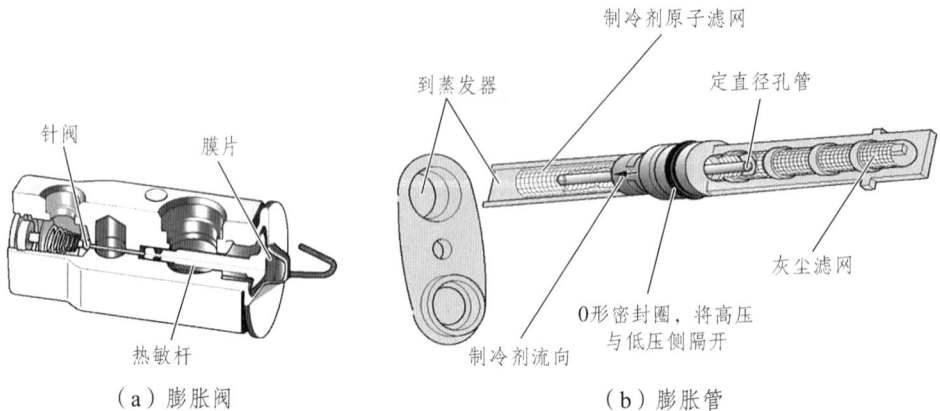

针阀
膜片
热敏杆

（a）膨胀阀

到蒸发器
制冷剂原子滤网
定直径孔管
灰尘滤网
O形密封圈，将高压与低压侧隔开
制冷剂流向

（b）膨胀管

图 4-1-7　膨胀阀和膨胀管

三、汽车空调制冷性能检测

（一）常规检查

1. 空调系统常规检查（指不打开制冷系统）

（1）检查制冷剂是否有泄漏；

（2）检查制冷量是否正常；

（3）检查电路是否接通，各控制元件是否正常工作；

（4）检查冷凝器是否有明显污垢、杂物，是否通畅；

（5）检查压缩机传动带张力是否正常；

（6）检查软管及连接处是否牢固；

（7）检查系统运行时是否有异响和气味。

2. 检查方法

检查方法主要有：用手感觉各部分温度是否正常，用肉眼检查表面情况及泄漏部位，用耳听和鼻嗅检查有否异常响声和气味，通过贮液干燥器上的窥视玻璃判断系统工作状况。

（1）用手检查温度。

在正常情况下，低压管路呈低温状态，高压管路呈高温状态。从压缩机出口→冷凝器→贮液干燥器→膨胀阀进口处是制冷系统的高压区，这些部件应该先暖后烫（注意手摸时要小心被烫伤），如有特别热的部位（如冷凝器表面），则说明此部位有问题：散热不好。如有特别凉的部位（如膨胀阀入口处），也说明此部位有问题：可能有堵塞。贮液器进出口之间若有明显温差，则说明此处有堵塞或者制冷剂量不正常。从膨胀阀出口→蒸发器→压缩机进口处是低压区，这些部位表面应该由凉到冷，但膨胀阀处不能发生霜冻现象。

（2）用肉眼检查泄漏情况。

制冷剂的泄漏有可能出现在：所有连接部位、冷凝器表面及蒸发器表面被损坏处、膨胀阀进出口连接处、压缩机轴封、前后盖密封垫等处。上述部位一旦出现油渍，一般说明此处有制冷剂泄漏（但压缩机前轴封处漏油可能是轴承漏油），应尽快采取措施修理。

（3）干燥器窥视玻璃判断工况。

从窥视玻璃判断工况要在发动机运转、空调工作时进行。若从窥视玻璃中看到的工质情况是：① 清晰、无气泡，但出风口是冷的，说明制冷量适当，制冷系统正常；出风口不冷，说明制冷剂漏光了；出风口不够冷，而且关掉压缩机 1 min 后仍有气泡慢慢流动，或在关压缩机的一瞬间就清晰无气泡、无流动，说明制冷剂太多。② 偶尔出现气泡，若有膨胀阀结霜现象，说明系统中有水分；若无膨胀阀结霜现象，可能是制冷剂缺少，或有空气。③ 有气泡、泡沫不断流过，说明制冷剂不足。如果气泡很多，可能有空气。④ 有长串油纹，偶尔带有成块机油条纹，出风口不冷，说明几乎没有制冷剂。有泡沫较混浊，说明冷冻油太多，或干燥剂散了。

（二）汽车空调制冷系统的检漏

汽车空调系统工作条件比较恶劣，其制冷系统一直随汽车工作在振动的工况之下，极易造成部件、管道损坏和接头松动，使制冷剂发生泄漏，其泄漏的常发部位见表4-1-1。

表 4-1-1　汽车空调系统制冷剂泄漏常发部位

部件	泄漏常发部位
冷凝器	① 冷凝器进气管和储液管连接处； ② 冷凝器盘管
蒸发器	① 蒸发器进气管和储液管连接处； ② 蒸发器盘管； ③ 膨胀阀
储液干燥器	① 易熔塞； ② 管道接口喇叭口处
制冷剂管道	① 高、低压软管； ② 高、低压软管各接头处
压缩机	① 压缩机油封； ② 压缩机吸排气阀处； ③ 前后盖密封处； ④ 制冷剂管道接口处

汽车空调制冷系统常用的检漏方法有：电子检漏仪检漏、皂泡检漏、染料检漏、真空检漏和外观检漏等。

1. 电子检漏仪检漏

检查时，应当遵照电子检漏仪（见图4-1-8）制造厂家的有关规定。一般按下列步骤进行：

图 4-1-8　电子检漏仪

（1）转动控制器或敏感性旋钮至断开（OFF）或 0 位置；

（2）电子检漏仪接入规定电压的电源，接通开关。如果不是电池供电，应有 5 min 的升温期；

（3）升温期结束后，放置探头于参考漏点处，调整控制器和敏感性旋钮至检漏仪有所反应为止，移动探头，反应应当停止，如果继续反应，则是敏感性调整得过高，如果停止反应，则是调整合适；

（4）移动寻漏软管，依次放在各接头下侧，还要检查全部密封件和控制装置；

（5）断开和系统连接的真空软管，检查真空软管接头处有无制冷剂蒸气；

（6）如发生漏点，检漏仪就会出现放置在参考漏点处的反应状况；

（7）探头和制冷剂的接触时间不应过长，也不要把制冷剂气流或严重泄漏的地方对准探头，否则会损坏探测仪的敏感元件。

2. 皂泡检漏

要想确定细微漏点，皂泡是个比较有效的方法。有些漏点局部凹陷，试漏灯或电子检测器难进入，要想确定泄漏的准确位置，应采用皂泡检漏。首先，调好肥皂溶液，用皂粉（块）加水即可。溶液的浓度要黏稠到用刷子一抹就可形成气泡的程度；其次，将全部接头或可疑区段抹上皂液；最后观察皂泡的出现情况，泡形成处就是漏点所在。

3. 染料检漏

确定冷漏点或压力漏点，把黄色或红色的颜料溶液引入空调系统，是个理想的方法。染料能指出漏点的准确认位置，因为漏点周围有红色和黄色 2 种染料积存，并且不会影响系统的正常运行。有的制冷剂中含有染料，如杜邦公司生产的加有红色染料的制冷剂 F12，名字叫 Dytel，其注入空调系统方法和注入 F12 完全一样。下面介绍单处染料进入系统的方法。

（1）准备工作。

将表座接入系统，放掉系统的制冷剂；拆下表座的中间软管，换接一根 152 mm 长的两端带坡口螺母的铜管；铜管的另一端和染料容器相接，中间软管的一端也接在染料容器上，而另一端则和制冷剂罐接通。

（2）染料进入系统。

启动发动机，按怠速运转，调整有关控制器至最凉位置；缓慢地打开低压侧手阀，使染料进入系统；注制冷剂入系统，至少应达到名义含量的一半，发动机连续运行 15 min；关闭发动机和空调器。

（3）观察系统。

观察软管和接头是否有染料溶液泄漏迹象；如发现漏点，按要求进行修理，染料可以保留在系统内，对系统无害。

4. 真空检漏

应用真空泵（见图 4-1-9）进行，真空度应达到 0.1 MPa，保持 24 h 内真空度没有显著升高即可。抽真空的目的有 3 个：一是抽出系统中残留的氮气；二是检查系统有无渗漏；三是使系统干燥。只有在系统抽真空后才能加注制冷剂。

图 4-1-9　真空泵

5. 外观检漏

制冷剂泄漏部位往往会渗出冷冻润滑油，若发现在某处有油污渗出，可进一步用清洁的白纸擦拭或用手直接触摸检查。如仍有油冒出，则可能有渗漏。

【学习过程】

一、任务分工

表 4-1-2　任务分工

小组编号：

学生姓名	任务分工	工具设备准备	备注
			组长

二、制定汽车空调制冷性能检测计划

常用的检测工具有歧管压力表、制冷剂注入阀、气门阀、检漏设备、真空泵及其他专用修理工具。

1. 歧管压力表结构

歧管压力表组是由高压表、低压表、高压手动阀（HI）、低压手动阀（LO）、阀体及三个软管接头组成。歧管压力表组配有不同颜色的三根连接软管，一般规定蓝色软管用于低压侧（接低压工作阀），红色软管用在高压侧（接高压工作阀），黄色（也有绿色）软管用在中间，接真空泵或制冷剂罐。这些部件都装在表座上，形成一个压力计装置，如图 4-1-10 所示。

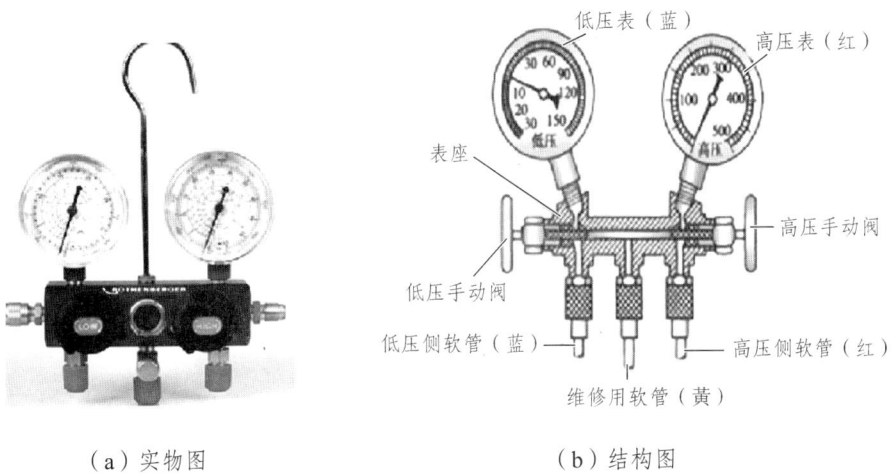

（a）实物图　　　　　　　　　　（b）结构图

图 4-1-10

2. 歧管压力表的功能

（1）当高压手动阀和低压手动阀同时关闭，则可对高压侧和低压侧进行压力检查，如图 4-1-11（a）所示。

（2）当高压手动阀和低压手动阀同时全开时，全部管路接通，在中间接头接上真空泵，便可以对系统进行抽真空，如图 4-1-11（b）所示。

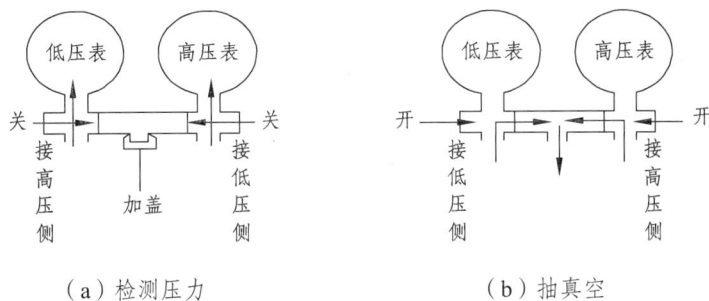

（a）检测压力　　　　　　　　　　（b）抽真空

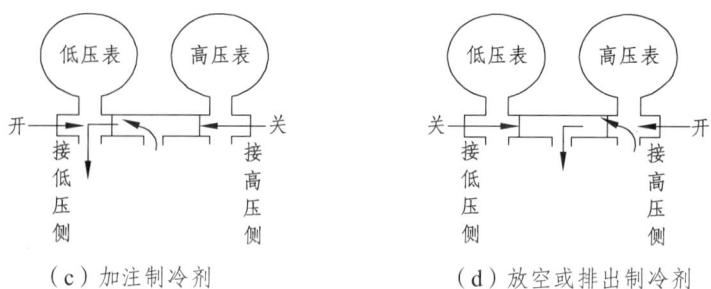

（c）加注制冷剂　　　　　　　（d）放空或排出制冷剂

图 4-1-11　歧管压力表的功能

（3）当高压手动阀关闭，低压手动阀打开，中间接头接到制冷剂钢瓶上或冷冻机油瓶上，则向系统充注冷态制冷剂或冷冻机油，如图 4-1-11（c）所示。

（4）当低压手动阀关闭，高压手动阀打开，则可使系统向外放空，排出制冷剂，如图 4-1-11（d）所示。

3. 歧管压力表连接

图 4-1-12 为汽车空调制冷剂管路的接头。

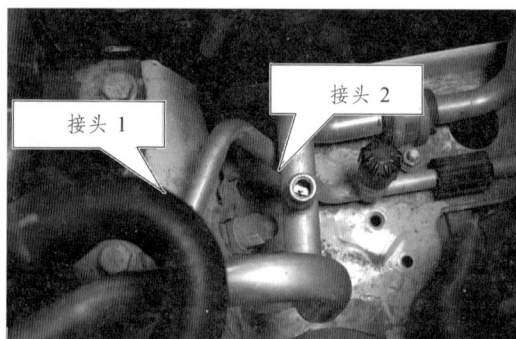

图 4-1-12　汽车空调制冷剂管路的接头

★接头_____是汽车的低压管路接头_____是高压管路接头？

★歧管压力表_____的接头应接在高压管路，歧管压力表的_____接头应接在低压管路（见图 4-1-13）。

图 4-1-13　歧管压力表的接头

注意：

歧管压力表的快速接头在接到汽车高低压管路前，应旋动旋钮，将顶针收至最短后才能接入空调管路。（旋钮旋至最高）

（安全风险提示：必须按要求进行，否则制冷剂漏出，易造成操作人员冻伤）

★操作说明：

将歧管压力表头两端处的高压阀，低压阀全部拧紧至关闭状态后，按要求完成接头与管路连接，并将高低压快速接头上端的旋钮顺时针旋下，将歧管压力表与汽车空调制冷剂管路接通（见图4-1-14）。

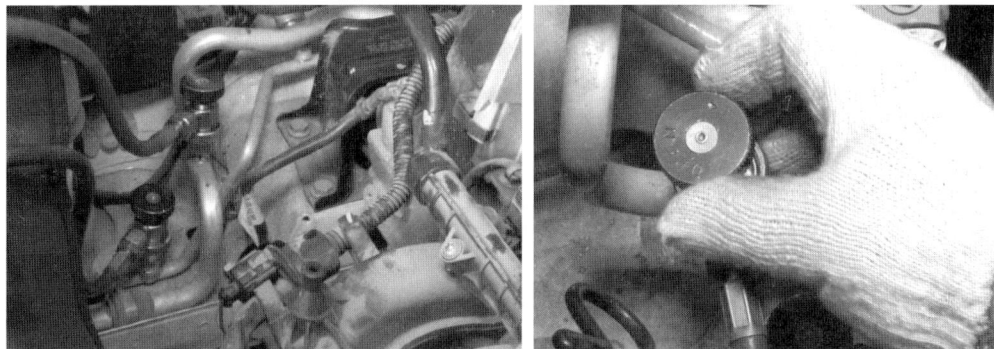

图 4-1-14　歧管压力表连接操作

4. 使用注意事项

（1）歧管压力表是一种精密仪表，必须细心维护以防损坏，且要保持清洁。

（2）不使用时，要防止水或脏物进入软管。

（3）使用时要把管中的空气排出。

（4）压力表接头与软管连接时，只能用手拧紧，不能用工具拧紧。

（5）R12 与 R134a 不可使用同一个歧管压力表。两种制冷剂的歧管接头尺寸也不相同，操作时不要混淆。

（6）当压力表指针不能指向零位时需要校准压力表。

工作任务：正确使用歧管压力表检测仪器，测量汽车空调制冷管道压力，记录压力相关信息，进行汽车空调制冷性能说明。

请写出你的工作方案。

三、计划实施

1. 准备工作及安全注意事项

（1）工装穿着整洁，带好工作手套。根据实际需要佩戴个人防护装备，如护目镜、防护手套、耳塞、安全帽等。

（2）车辆进入工位并可靠停驻（由指导教师操作）。在开始任何维修操作之前，确保车辆熄火且点火钥匙已被取下，以防止意外启动。

（3）准备好工具器材。使用设备前，务必详细阅读使用说明书，严格按照规程操作。

（4）准备好相关维修信息资料，维修车辆维修手册。

（5）保持实训场所整洁，工具和器材放置有序，避免绊倒和误触。

（6）发现安全隐患或事故苗头，立即停止作业并向指导教师报告。

2. 实施过程

测量汽车制冷系统管路的压力（见图 4-1-15）：

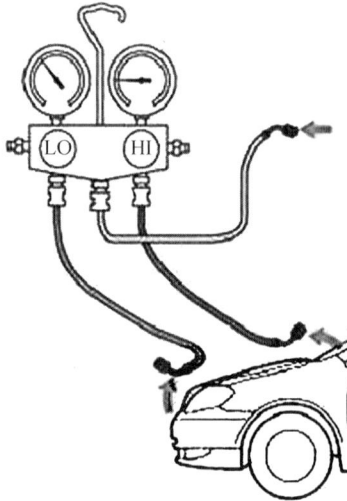

图 4-1-15　测量汽车制冷系统管路的压力

（1）将歧管压力计正确连接到制冷系统相应的检修阀上。

（2）关闭歧管压力计上的两个手动阀。

（3）用手松开歧管压力计上的高低压注入软管的连接螺母，让系统内侧的制冷剂将高低压注入软管内的空气排出，然后再将连接螺母拧紧。

（★安全风险提示：注意制冷剂对手部冻伤，应佩戴手套保护）。

（4）启动发动机并使发动机转速保持在 1 000 ~ 1 500 r/min，然后打开空调 A/C 开关和鼓风机开关，设置到空调最大制冷状态，鼓风机高速运转，温度调节在最冷。关闭车门、车窗和舱盖，发动机预热 2 ~ 3 min 后方能开始读数。

（5）你所测量的低压管路压力为_____。

（6）你所测量的低压管路压力为_____。

（7）根据你所检查到的结果，你认为是否正常_____？

本项目操作安全风险有哪些？请举例说明_____

四、检验评估

根据任务完成情况，完成评估反馈表。

表 4-1-3 评估反馈表

评价维度	具体评价内容	分值标准	学生得分	教师评语及建议	企业导师评语及建议
目标理解与达成	明确学习任务目标和要求	10 分			
知识掌握程度	对空调系统结构、功能的理解	20 分			
技能操作能力	正确组装使用汽车用（R134A）歧管压力表；正确读数	30 分			
工作流程遵循度	遵循工作流程，自我检查	10 分			
资源利用效率	维修手册查阅、车辆及工具使用情况	5 分			
实际应用能力	在模拟实际场景下的问题解决能力	10 分			
团队协作与沟通	团队合作角色扮演及信息交流效果	5 分			
记录与报告	过程记录详尽准确，工作页填写质量	5 分			
自我反思与改进	针对问题深度思考，提出改进措施	5 分			
安全规范遵守	操作过程中的安全意识与规范操作	10 分			
企业实践对接	对企业环境适应性及企业标准遵循情况	5 分			

教师签字：_____ 日 期：_____

学生自评：我对自己的表现满意/有待提高的地方是_____

学生签字：_____ 日 期：_____

企业导师签字：_____ 日 期：_____

注：根据学生的实际表现，在"学生得分"栏填入对应项目的具体得分；教师和企业导师在"评语及建议"栏提供具体的点评以及改进建议。

学习活动 2　制冷系统部件检修

【学习目标】

（1）能掌握制冷剂加注设备的使用方法使用注意事项；

（2）知道制冷剂加注设备的使用注意事项；

（3）能根据维修要求，使用制冷剂加注设备进行车辆制冷剂的加注，同时在作业过程中遵守安全操作规范；

（4）能在作业过程中实施自我检查，做好过程记录；

（5）能对相关资料、互联网资源进行检索，完成工作页的填写。

【建议学时】

8 学时。

【学习资源准备】

维修手册、制冷剂加注设备、制冷剂加注设备使用说明书。

【学习信息收集】

一、汽车空调压缩机的作用

汽车空调压缩机在汽车空调系统中的作用至关重要，主要功能如下。

（1）制冷剂循环动力源：压缩机是整个空调系统的心脏，它通过电动机或由发动机驱动的皮带轮系统提供动力，将制冷剂（如 R-134a）从低压区吸入，并加压至高压区。

（2）制冷剂状态转换：在工作过程中，压缩机将蒸发器中吸热后变成低压低温气体的制冷剂进行压缩，使其温度升高、压力增大，转化为高温高压的气态制冷剂。

（3）推动制冷循环：高温高压的制冷剂被送入冷凝器，在冷凝器中释放热量并液化，然后经过膨胀阀减压降温变为低压低温液体进入蒸发器。压缩机正是这一制冷循环得以持续的关键设备，不断驱动制冷剂在蒸发、冷凝、压缩和节流等过程中的流动。

（4）提供冷却效果：最终，在蒸发器中，低压低温的制冷剂吸收车厢内部的热量而蒸发，实现车内空气的冷却，从而达到降低车厢内温度的目的。

综上所述，汽车空调压缩机的主要任务是通过连续不断地驱动制冷剂循环，使得制冷剂能够在不同的部件之间有效转换其物理状态，进而吸取和散发热量，确保空调系统能够有效地调节车厢内的温度和湿度，为乘客创造舒适环境。

二、汽车空调系统各个部件的组成

1. 汽车空调压缩机的组成

汽车空调压缩机的组成如图 4-2-1 所示。

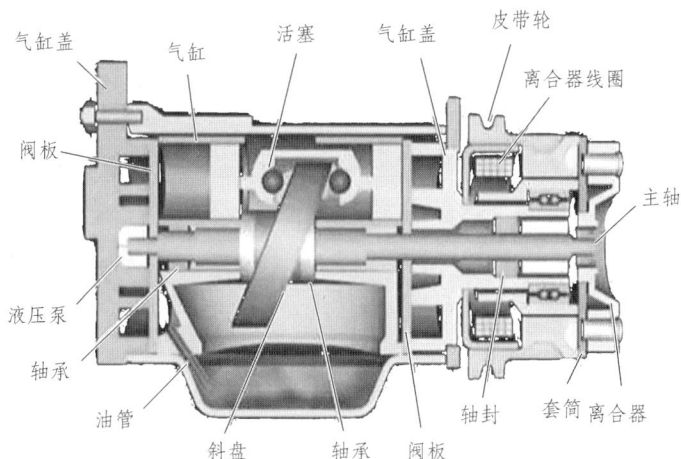

图 4-2-1　汽车空调压缩机的组成

（1）压缩机主轴（Shaft）：是压缩机内部的核心转动部件，它通过皮带或直接连接方式接收来自发动机的动力，并将动力传递给其他工作部件。

（2）驱动机构：

① 电磁离合器（Electromagnetic Clutch）：在某些车型中，压缩机和发动机之间通过电磁离合器连接，当需要开启空调时，离合器通电吸合，使压缩机开始运转；不使用空调时，离合器断开，避免无谓的能耗。

② 锥齿轮/斜板传动结构：在某些类型的压缩机中，主轴通过锥齿轮或者斜板与连杆等组件相连，进行动力传递。

③ 活塞组件：包括活塞、活塞环以及与之相连的连杆。活塞在气缸内往复运动，完成对制冷剂气体的压缩过程。

④ 气缸体（Cylinder Block）：包含多个气缸，为活塞提供工作空间，制冷剂在气缸内被压缩。

⑤ 进排气阀（Suction and Discharge Valves）：用于控制制冷剂的吸入和排出，确保制冷剂按照正确的方向在系统中流动。

⑥ 摇板（Swash Plate）：在变排量压缩机（如涡旋式或摆盘式压缩机）中，摇板可调节活塞行程，从而改变压缩机的制冷能力。

⑦ 壳体（Housing）：包含了上述所有部件并保持整体密封，同时起到固定和支撑作用。

⑧ 轴承（Bearings）：用以支撑主轴和其他旋转部件，减少磨损和保证运行顺畅。

⑨ 密封件（Seals）：确保压缩机内外部环境隔离，防止制冷剂泄漏和外部污染物进入。

三、汽车空调系统压缩机检修流程

（1）准备工作。

确认故障原因，准备相关工具和新压缩机。

（2）安全措施。

熄火、拉手刹，断开电池负极，佩戴防护装备。

（3）回收制冷剂。

使用专业设备回收制冷系统中的制冷剂。

（4）拆卸旧压缩机。

① 断开高压管与低压管连接；

② 拆除电磁离合器导线；

③ 松开并移除皮带/链条；

④ 拆除固定螺栓，取下旧压缩机。

（5）检查相关部件。

检查冷凝器、蒸发器等附件是否损坏，必要时一并更换。

（6）安装新压缩机。

① 清洁安装面，涂抹冷冻油；

② 将新压缩机安装到位，紧固螺栓；

③ 连接高压管与低压管，并确保密封；

④ 安装新的 O 形圈或垫片；

⑤ 连接电磁离合器导线；

⑥ 重新安装皮带/链条，并调整张紧度。

（7）系统密封性检查。

进行压力测试，确认所有连接处无泄漏（见图 4-2-2）。

图 4-2-2　系统密封性检查

（8）抽真空与加注制冷剂。

对空调系统抽真空，然后按照规定程序充注新的制冷剂（见图 4-2-3）。

图 4-2-3　抽真空与加注制冷剂

（9）功能测试。

启动车辆，运行空调系统，检测制冷效果及压缩机工作状况（见图 4-2-4）。

图 4-2-4　检测制冷效果

【学习过程】

一、任务分工

表 4-2-1　任务分工

小组编号：

学生姓名	任务分工	工具设备准备	备注
			组长

二、任务策划

根据任务，小组进行讨论，确定工作方案并记录。

_____

_____

_____

_____

_____

_____

三、计划实施

安全注意事项：

_____

汽车压缩机的拆装检测步骤见表 4-2-2。

表 4-2-2　汽车压缩机的拆装检测步骤

项目	操作方法及说明	质量标准及记录
1. 安全措施	熄火、拉手刹，断开电池负极，佩戴防护装备。	□是否正确操作 检验结果： □是否正常_____ _____
2. 回收制冷剂	使用专业设备回收制冷系统中的制冷剂。 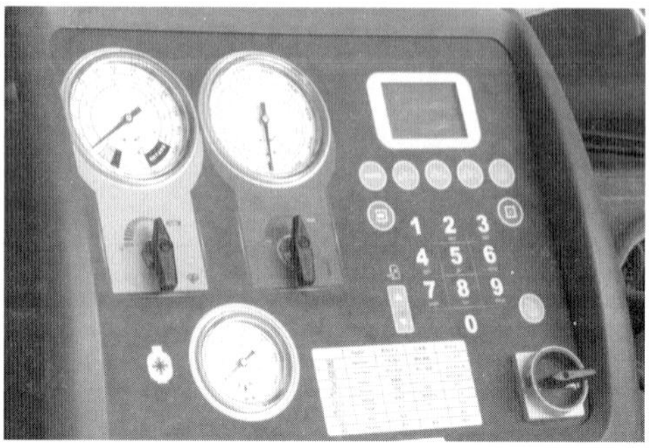 	□是否正确操作 检验结果： □是否正常_____ _____

156

项目	操作方法及说明	质量标准及记录
3. 拆卸旧压缩机	① 断开高压管与低压管连接。 	□是否正确操作 检验结果： □是否正常_____ _____
	② 拆除电磁离合器导线。 	□是否正确操作 检验结果： □是否正常_____ _____
	③ 松开并移除皮带/链条。 	□是否正确操作 检验结果： □是否正常_____ _____

项目	操作方法及说明	质量标准及记录
3. 拆卸旧压缩机	④ 拆除固定螺栓，取下旧压缩机。 	□是否正确操作 检验结果： □是否正常_____ _____
	⑤ 更换新压缩机。 	□是否正确操作 检验结果： □是否正常_____ _____
4. 安装新压缩机	① 清洁安装面,涂抹冷冻油,将新压缩机安装到位,紧固螺栓。 	检验结果： □是否正常_____ _____

项目	操作方法及说明	质量标准及记录
4. 安装新压缩机	② 连接电磁离合器导线。 	检验结果： □是否正常_____ _____
	③ 重新安装皮带/链条，并调整张紧。 	检验结果： □是否正常_____ _____
5. 查阅教材及相关网络信息,认识制冷剂加注设备		□是否正确操作 检验结果： □是否正常_____ _____

159

项目	操作方法及说明	质量标准及记录
6. 根据制冷剂加注设备的说明书，了解其基本功能，分辨高低压快速接头	 蓝色_____ 红色_____	□是否正确操作 检验结果： □是否正常_____
7. 连接方法	 描述连接方法：_____ _____	□是否正确操作 检验结果： □是否正常_____

项目	操作方法及说明	质量标准及记录
8. 回收冷媒	 操作方法： A_____ B_____ C_____ D_____ 点击回收冷媒	□是否正确操作 检验结果： □是否正常_____ _____
9. 制冷剂加注	 A_____ B_____ C_____ D_____	□是否正确操作 检验结果： □是否正常_____ _____

161

项目	操作方法及说明	质量标准及记录
10. 抽真空时间检查：_____ _____ _____		□是否正确操作 检验结果： □是否正常_____ _____
11. 加注量检查：_____ _____ _____		□是否正确操作 检验结果： □是否正常_____ _____

四、检验评估

根据任务完成情况，完成评估反馈表。

表 4-2-3 评估反馈表

评价维度	具体评价内容	分值标准	学生得分	教师评语及建议	企业导师评语及建议
目标理解与达成	明确学习任务目标和要求	10分			
知识掌握程度	空调压缩机结构、功能理解；压缩机工作电路分析	20分			
技能操作能力	正确检修更换压缩机；正确加注制冷剂	30分			
工作流程遵循度	遵循工作流程，自我检查	10分			
资源利用效率	维修手册查阅、车辆及工具使用情况	5分			
实际应用能力	在模拟实际场景下的问题解决能力	10分			
团队协作与沟通	团队合作角色扮演及信息交流效果	5分			
记录与报告	过程记录详尽准确，工作页填写质量	5分			
自我反思与改进	针对问题深度思考，提出改进措施	5分			
安全规范遵守	操作过程中的安全意识与规范操作	10分			
企业实践对接	对企业环境适应性及企业标准遵循情况	5分			

教师签字：_____ 日期：_____

学生自评：我对自己的表现满意/有待提高的地方是 _____

学生签字：_____ 日期：_____

企业导师签字：_____ 日期：_____

注：根据学生的实际表现，在"学生得分"栏填入对应项目的具体得分；教师和企业导师在"评语及建议"栏提供具体的点评以及改进建议。

学习活动 3　通风系统部件维修

【工作情景】

在一个炎热的夏日午后，张先生驱车前往郊外度假。随着车窗外景色的快速倒退，阳光透过挡风玻璃洒在车内，温度逐渐升高，闷热感开始笼罩整个车厢。这时候，张先生轻轻按下了中控台上的空调开关，一场舒适凉爽的旅程随即拉开序幕。

随着空调系统的启动，位于车辆前端的电动风扇开始旋转，它首先吸入了车外的空气。这些空气随后通过一个过滤网，这个过滤网负责捕捉灰尘、花粉和其他微小颗粒物，确保进入车内的空气清新干净，这对于过敏体质的乘客尤为重要。

经过过滤的空气接着被送入到空调系统的蒸发器组件。在这里，来自车载空调压缩机的低温制冷剂循环流动，吸收空气中的热量，使得空气迅速冷却。与此同时，空调系统根据张先生事先设定的温度和风速，智能调节制冷剂量和风门开度，以达到最适宜的制冷效果。

随着冷气逐渐充盈整个车厢，张先生能感觉到一股股凉爽的气流从仪表板上的出风口以及脚下、两侧的出风口轻柔地吹出，有效地降低了车内温度并循环流通，消除了原先的闷热与不适。车内的空气湿度也因为空调的除湿功能而得到调节，让人感觉更加干爽舒适。

为了进一步提升乘坐体验，张先生还开启了空调系统的内外循环切换功能。在城市拥堵路段使用内循环模式，可以有效隔绝外界的尾气和灰尘；而当行驶在空气清新的郊外时，则切换到外循环模式，让自然清新的空气不断涌入车内，保持空气的新鲜度。

就这样，在汽车空调通风系统的高效运作下，原本炎热的车厢变得如同春天般宜人，张先生与家人享受着一路的清凉与惬意，向着目的地愉快前行。

【任务描述】

按照专业水平对汽车空调通风配气系统系统进行拆装，对主要零部件进行检测，针对检测的结果和有关现象，调整或更换相关零部件，检查汽车空调状态及调整方法。

【学习目标】

（1）正确描述空调鼓风机无法工作的故障现象；

（2）分析空调鼓风机无法工作的故障原因；

（3）掌握空调系统鼓风机无法工作的排除方法；

（4）掌握空调系统维修手册和电路图的识读方法，同时在作业工程中遵守安全操作规范；

（5）能在作业过程中实施自我检查，做好过程记录；

（6）能对相关资料、互联网资源进行检索，完成工作页的填写。

【建议学时】

8 学时。

【学习资源准备】

维修手册、世达 09535 套件工具、万用表等。

【学习信息收集】

一、汽车空调系统通风配气系统工作原理

1. 通风配气系统

汽车空调通风系统是将外部新鲜空气引入车内，并将车内的污浊空气排出车厢外，同时还可以防止风窗玻璃起雾。一般由空气进入段、空气混合段和空气分配段三部分组成（见图 4-3-1）。

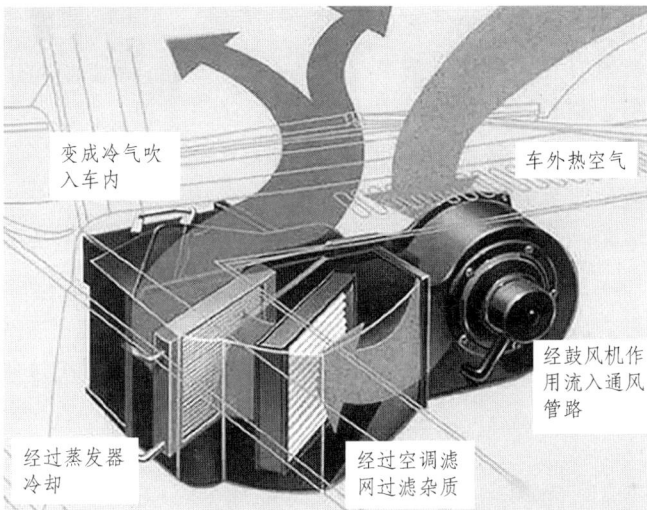

图 4-3-1　通风配合系统

2. 空气净化装置

空气净化系统一般由鼓风机、空气过滤器、杀菌器、负氧离子发生器和进、出风口等组成，是为了使车厢内空气保持清新洁净。

3. 控制装置作用与组成

汽车空调系统控制装置主要由控制面板和空调电气控制系统两大部分组成。电气控制系统根据驾驶员操作空调控制面板的指令来控制各个执行元件的工作情况。

二、鼓风机转速控制和冷凝器散热风扇控制

汽车空调上一般使用鼠笼式鼓风机，鼓风机由扇风轮和鼓风机电机组成。其外形如图所示。要使车内有一个舒适的环境，除了要控制空调送风温度、风门模式外，还要使风机转速可以控制，以调节风量大小，适应环境变化，满足驾驶员或乘客的不同需要。鼓风机的转速控制一般有三种形式：鼓风机开关和调速电阻联合控制、空调电脑通过晶

体管控制和晶体管与调速电阻组合控制。

1. 鼓风机开关和调速电阻联合控制

鼓风机的控制挡位一般有二、三、四、五速四种，最常见的是四速，如图所示。在有后空调暖风系统的汽车上，其后鼓风机一般采用二、三速。通过改变风机开关与调速电阻的接通方式，使风机以不同的转速工作。风机开关处于Ⅰ位置时，至鼓风机电机的电流须经过三个电阻，由于经过电机的电流较小，风机以低速运行；开关调至Ⅱ位置时，至电动机的电流须经过两个电阻，风机按中低速运转；开关调至Ⅲ位置时，至电动机的电流只经过一个电阻，风机按中高速运转；选定最大挡位Ⅳ时，风机电路不串任何电阻，电源电压直接加至电动机，风机以最高速度运转。

图 4-3-2　鼠笼式鼓风机

鼓风机调速电阻一般装在空调蒸发器组件上，利用气流进行冷却，外部有铝制散热片。其外观如图所示。风机调速开关安装在操作面板内，由一调节旋钮操纵。对鼓风机转速的控制有两种方式：一种是控制通向电机的正极，另一种是控制电机的电路搭铁。如图所示。本田飞度轿车就是以控制电机搭铁的方式来控制鼓风机转速的。

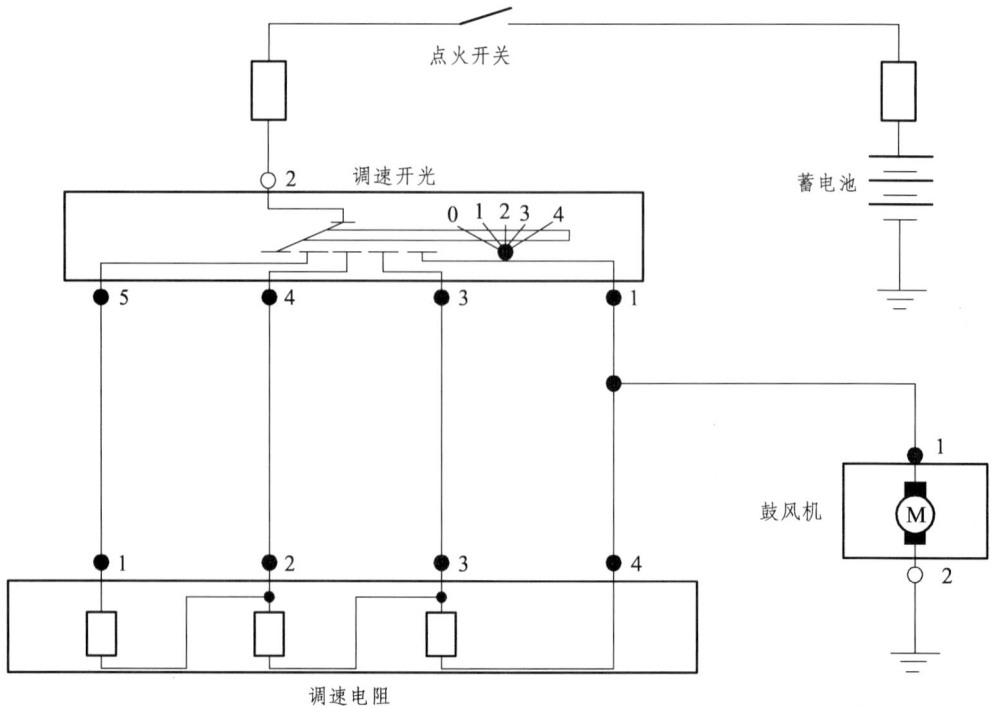

图 4-3-3　鼓风机调速控制电路

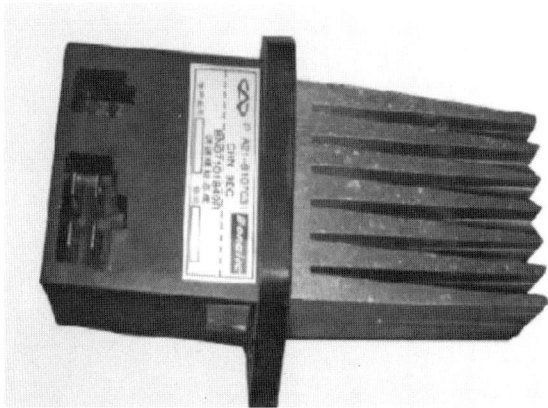

图 4-3-4　调速电阻外观

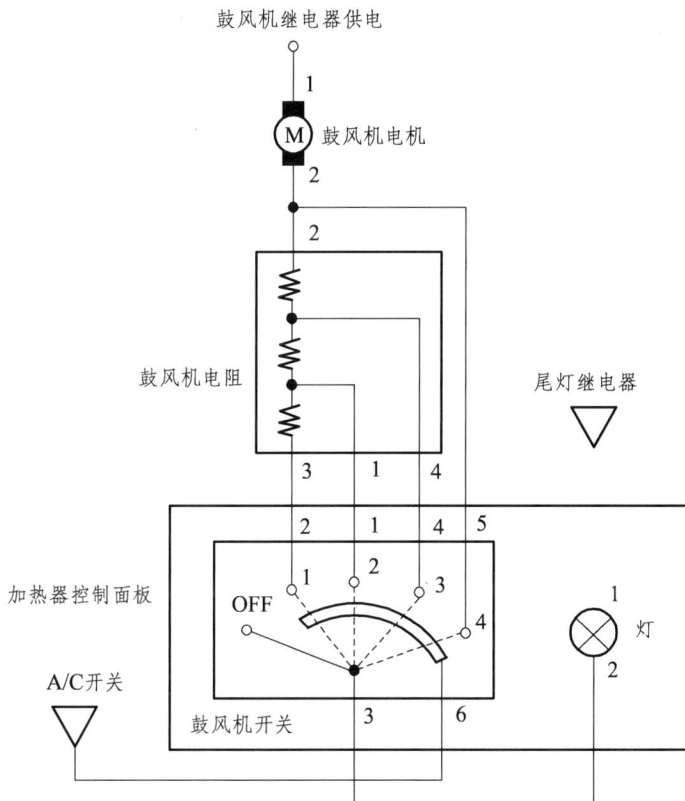

图 4-3-5　搭铁控制的风机调速电路

三、识读空调制冷系统电路图

帕萨特 B5 空调制冷系统电路图如图 4-3-6 ~ 图 4-3-9 所示，仔细读懂电路图，根据你的理解，回答后面的问题。

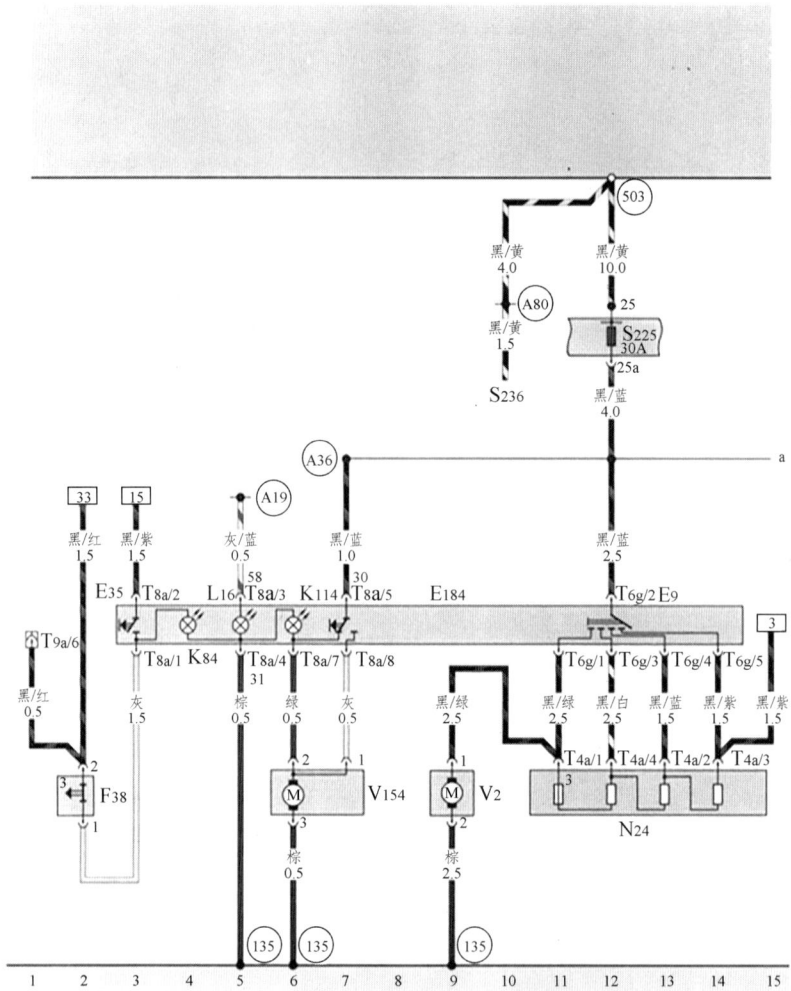

E₉—新鲜空气鼓风机开关

E₃₅—空调开关

E₁₈₄—新鲜空气和循环空气开关

F₃₈—环境温度开关（小于等于5摄氏度）

K₈₄—空调警告灯

K₁₁₄—新鲜空气和循环空气开关警告灯

L₁₆—新鲜空气控制照明灯

N₂₄—带保险丝的新鲜空气鼓风机串联电阻

S₂₂₅—保险丝25，在保险丝架上

S₂₃₆—保险丝36，在保险丝架上

T₄ₐ—4针插头，在串联电阻上

T₈ₐ—8针插头，在新鲜空气和循环空气开关上

T₉ₐ—9针插座，在中央电器板上，红色，接393继电器

T₆g—6针插头，在新鲜空气鼓风机开关上

V₂—新鲜空气鼓风机

V₁₅₄—新鲜/循环空气板定位马达

Ⓐ₁₉—连接线（58d），在仪表板线束内

Ⓐ₃₆—连接线（75a），在仪表板线束内

Ⓐ₈₀—连接线（X），在仪表板线束内

⑬₅—接地连接线，在仪表板线束内（由㉚分出）

⑤₀₃—螺栓连接线（75x火线），在继电器板上

图 4-3-6　鼓风机、空调开关

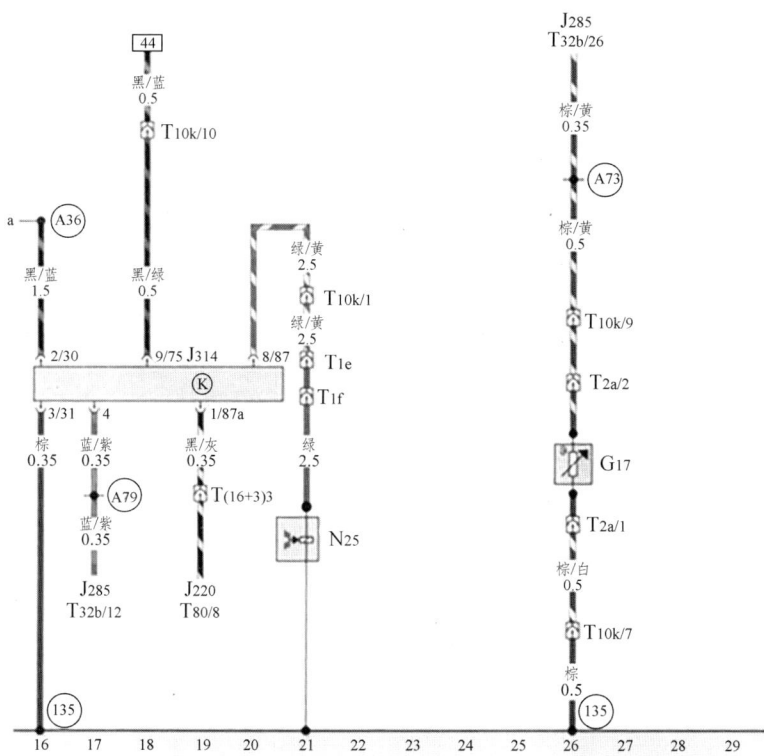

图 4-3-7 空调控制单元、电磁离合器

G_{17}—环境温度传感器

J_{220}—发动机控制单元，在发动机室的防护罩内

J_{285}—组合仪表的控制单元

J_{314}—空调切断控制单元，在 13 位置继电器架上的 4 号位（398 继电器）

N_{25}—空调电磁离合器

T_{1e}—1 针插头，绿色，在发动机室的左前侧

T_{1f}—1 针插头，绿色，在右侧散热风扇下方

T_{2a}—2 针插头，黑色，在发动机室的左前侧

T_{10k}—10 针插头，灰色，在左 A 柱处（14 号位）

$T_{(16+3)}$—19 针插头，在发动机室控制单元防护罩内的左侧（3 号位）

T_{32b}—32 针插头，绿色，在仪表板线束内

T_{80}—80 针插头，在发动机控制单元上

(A36)—正极连接线（75x），在仪表板线束内

(A73)—连接线（环境温度表），在仪表板线束内

(A79)—连接线（过热灯开关），在仪表板线束内

(135)—接地连接线，在仪表板线束内（由 (30) 分出）

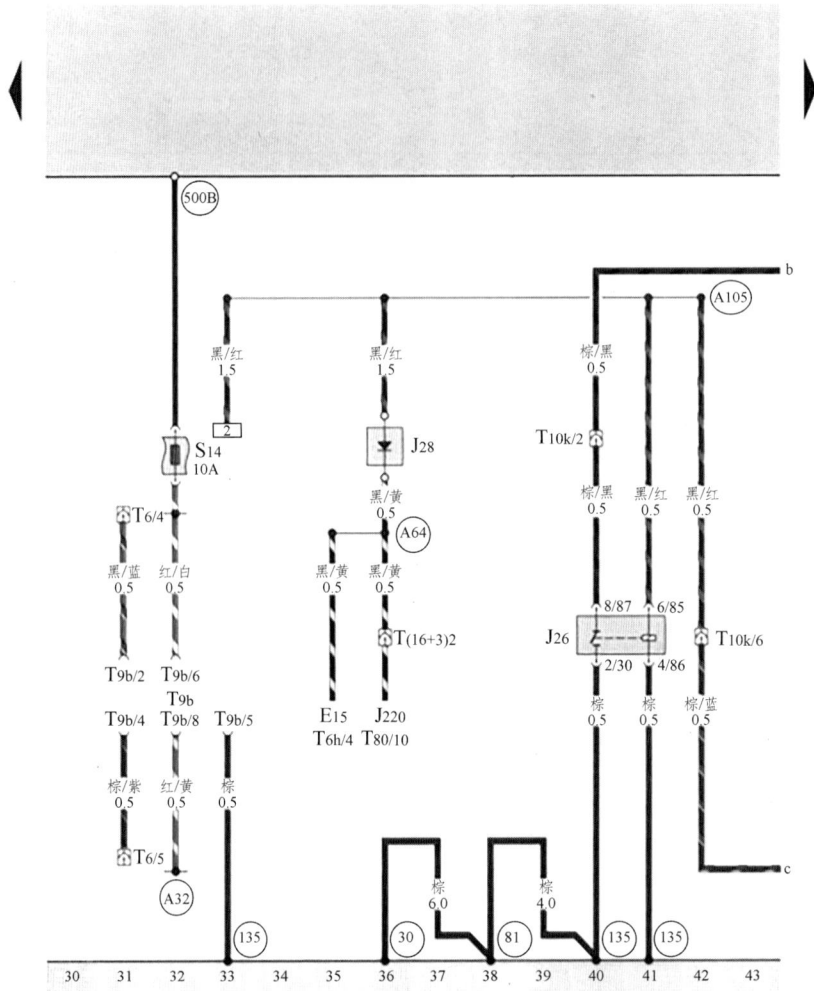

(500B)

黑/红
1.5

黑/红
1.5

棕/黑
0.5

b

(A105)

黑/蓝
0.5

红/白
0.5

S₁₄
10A

T6/4

J₂₈

黑/黄
0.5

(A64)

T10k/2

棕/黑
0.5

黑/红
0.5

黑/红
0.5

T9b/2 T9b/6

T9b

黑/黄
0.5

黑/黄
0.5

8/87 6/85

J₂₆

T10k/6

T9b/4 T9b/8 T9b/5

T(16+3)2

2/30 4/86

棕/紫
0.5

红/黄
0.5

棕
0.5

E15 J220
T6h/4 T80/10

棕
0.5

棕
0.5

棕/蓝
0.5

T6/5

(A32)

棕
6.0

棕
4.0

c

(135)

(30)

(81)

(135)

(135)

30	31	32	33	34	35	36	37	38	39	40	41	42	43

E₁₅—后风窗加热开关

J₂₆—散热风扇继电器，在 13 位置继电器板上 1 号位上（373 继电器）

J₂₈—过热/空调锁止二极管

J₂₂₀—发动机控制单元，在发动机室的防护罩内

S₁₄—14 号保险丝，10A，在保险丝架上

T₆—6 针插座，黑色，在右 B 柱边上（不挂在上面）

T₆ₕ—6 针插头，黑色，在后风窗加热开关上

T₁₀d—10 针插头，棕色，在发动机室防护罩内左侧（2 号位）

T₁₀k—10 针插头，灰色，在左 A 柱处（14 号位）

T(16+3)—19 针插头，橙/红色，在发动机室防护罩内的左侧（3 号位）

T₈₀—80 针插头，在发动机控制单元上

T₉b—9 针插座，在中央电器板上，棕色（空位）

(A32)—正极连接线（30），在仪表板线束内

(A64)—连接线（转速信号），在仪表板线束内

(A105)—连接线（转速信号）2，在仪表板线束内

(30)—接地点，在继电器板附近（左 A 柱）

(81)—接地连接线，在仪表板线束内（由 (30) 分出）

(135)—接地连接线，在仪表板线束内（由 (30) 分出）

(500B)—螺栓连接点（30c 号火线），在继电器板上

图 4-3-8　风扇继电器

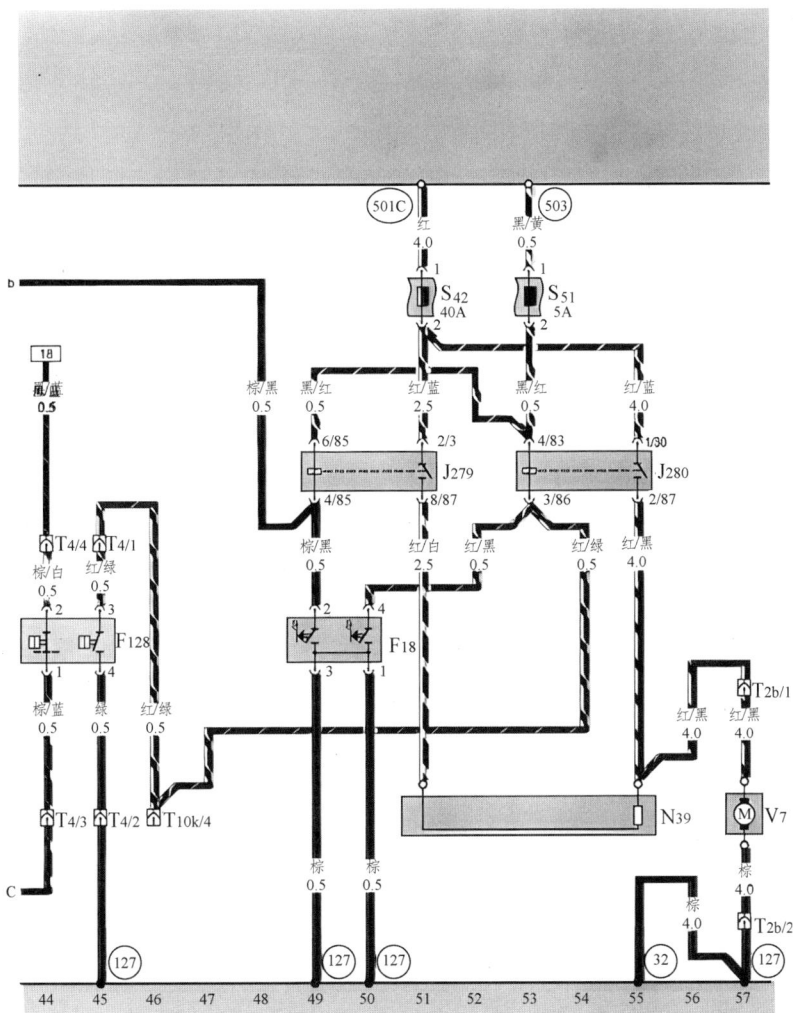

图 4-3-9 空调压力开关、热敏开关、继电器

F$_{18}$—散热风扇热敏开关

F$_{129}$—空调压力开关

J$_{279}$—散热风扇 1 档速度继电器（红色）在附加继电器架上 6 号位（214 继电器）

J$_{280}$—散热风扇 2 档速度继电器（棕色）在附加继电器架上 2 号位（370 继电器）

N$_{39}$—散热风扇的串联电阻

S$_{42}$—保险丝，40A，黄色，在附加继电器架上

S$_{51}$—保险丝，5A，红色，在附加继电器架上

T$_{2b}$—2 针插头，棕色，在发动机室的左前侧

T$_4$—4 针插头，红色，在发动机室的左前侧

T$_{10k}$—10 针插头，灰色，在左 A 柱处（14 号位）

V$_7$—散热风扇

㉜—接地点，在继电器板边上（左 A 柱）

⑫⑦—接地连接线，在空调压缩机线束内

501C—螺栓连接点 2（30B 号火线），在继电器板上

503—螺栓连接点（75x 火线），在继电器板上

（1）汽车正常行驶过程中，不打开鼓风机开关，打开空调开关是什么结果？

_____

_____

_____

（2）电路图中 E35 是_____，J314 是_____，

N25 是_____，V7 是_____。

四、汽车自动空调与手动空调主要差别

（1）操作面板上的直观差别，如图 4-3-10 和图 4-3-11 所示。

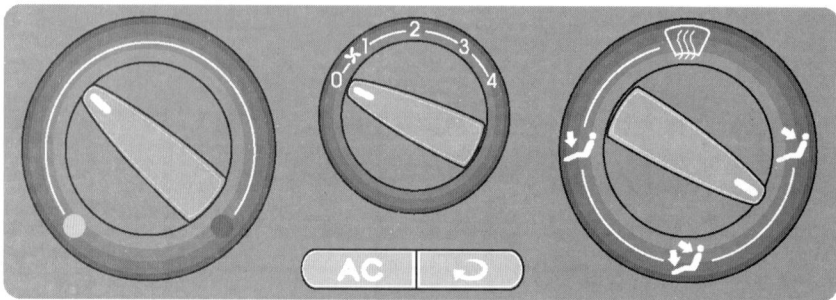

图 4-3-10　帕萨特 B5 手动空调控制面板

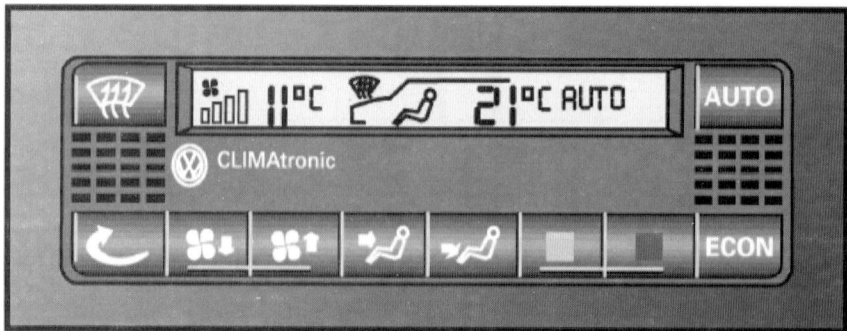

图 4-3-11　帕萨特 B5 自动空调控制面板

（2）电路控制上的差别。

手动空调主要采用电气元件控制，自动空调主要采用_____控制。

（3）故障诊断方面的差别。

手动空调的故障诊断主要采用：_____；

自动空调的故障诊断主要采用：_____。

【学习过程】

一、任务分工

表 4-3-1 任务分工

小组编号：

学生姓名	任务分工	工具设备准备	备注
			组长

二、任务策划

根据任务，小组进行讨论，确定工作方案并记录。

_____

_____

_____

_____

_____

_____

三、计划实施

安全注意事项：

_____

_____

更换汽车鼓风机的操作步骤：如表 4-3-2 所示。

表 4-3-2 更换汽车鼓风机的操作步骤

序号	操作步骤	操作要点	操作内容	检验	质量标准及记录
1	断开电源	安全第一	拔掉电瓶负极电缆	确保无电源流通	□是否正确操作
2	定位鼓风机	明确目标	查找鼓风机在车辆内部的具体位置	准确找到鼓风机	□是否正确操作

序号	操作步骤	操作要点	操作内容	检验	质量标准及记录
3	拆卸连接件	避免损伤	断开鼓风机的电气连接线束	电线已全部松脱	□是否正确操作
4	移除旧鼓风机	轻柔操作	取下固定螺丝，小心取出鼓风机	旧鼓风机已完整取出	□是否正确操作
5	安装新鼓风机	稳固到位	将新鼓风机放入正确位置并紧固螺丝	新鼓风机固定牢固	□是否正确操作
6	连接电气线路	无误接线	重新接好电气线束，确保接触良好	线路连接可靠	□是否正确操作
7	复原内饰件	原貌恢复	安装回移除的内饰件，如手套箱等	内饰件恢复原状	□是否正确操作
8	测试鼓风机	功能验证	启动车辆，开启空调，检验鼓风机工作状态	鼓风机运行正常	□是否正确操作
9	找到滤清器位置	准确定位	根据车辆手册查找空调滤清器位置	明确滤清器位置	□是否正确操作
10	打开滤清器盒	轻柔操作	取下滤清器盖或解开固定装置	滤清器盒已打开	□是否正确操作
11	取出旧滤清器	注意方向	观察旧滤清器的方向并取出	成功取出旧滤清器	□是否正确操作
12	安装新滤清器	正确安装	将新滤清器按箭头指示放入并确保密合	新滤清器安装妥当	□是否正确操作
13	复原滤清器盒	紧固无漏	关闭滤清器盒或固定好滤清器盖	滤清器盒已关紧	□是否正确操作
14	验证过滤效果	功能检测	启动车辆，开启空调，感觉出风口风量和质量	空调出风正常无异味	□是否正确操作

四、手动空调控制电路检修

对照电路图，对电磁离合器不结合故障进行检测检修。

（1）原因分析。

导致空调压缩机电磁离合器不工作的原因，对照电路图分析可能的原因有：压缩机电磁离合器 N_{25}、压力开关 F_{129}、鼓风机开关 E_9、压缩机切断控制器 J_{314}、空调开关 E_{35}、温控开关 F_{18}、连接线路插接器以及各个环节损坏均会造成压缩机电磁离合器不结合故障。

（2）检查流程。

① 外观检查线路、各插接器安装是否良好，检查有、无虚接现象。

② 检查电磁离合器线圈本身是否断路。

图 8-11 电磁离合器线圈检查

③ 打开 A/C 开关，观察冷却风扇是否运转，如果风扇运转，说明从 X 线到风扇电机 V_2 的线路及元件没有问题，问题有可能出在压缩机控制器 J_{314} 和风扇开关 E_9 上。

④ 检查压缩机控制器及其控制线路。

⑤ 检查风扇开关。

⑥ 如果打开 A/C 开关后，冷却风扇和电磁离合器均不工作，说明故障出现在 X 线到压力开关 F_{129} 之间。依次检查空调开关 E_{35}、室温开关 F_{38}、温控开关 E_{33}、水温开关 F_{40}、压力开关 F_{129} 等元件及连接线路的好坏。

（3）故障检测。

用万用表检测各个元件、线路的好坏。

① 电磁离合器的检测：用万用表欧姆挡检查供电端子和搭铁之间电阻应为 $2\sim4\ \Omega$。

② 空调开关 E_{30} 的检测：检测 E_{30} 的针脚 3 跟针脚 2，在闭合时应该导通。

③ 室温开关 F_{38} 的检测：室温开关为常闭开关，只有当环境温度低于 5 ℃ 时，开关断开。在室温下，检测该开关应该导通。

④ 温控开关 E_{33} 的检测：温控开关为常闭开关，只有当蒸发器温度低于 1 ℃ 时，开关断开。在室温下，检测该开关应该导通。

⑤ 水温开关 F_{40} 的检测：水温开关为常闭开关，检测该开关应该导通。

⑥ 压力开关 F_{129} 的检测：压力开关为三重压力开关，它由高低压开关和中压开关组成，只有当系统压力低于 0.15 Mpa，高于 3.0 Mpa 时高低压开关断开，切断压缩机电路。如果压力正常，检测压力开关的 1 脚和 2 脚应该导通。

（4）检修登记。

五、检验评估

根据任务完成情况，完成评估反馈表。

表 4-3-3　评估反馈表

评价维度	具体评价内容	分值标准	学生得分	教师评语及建议	企业导师评语及建议
目标理解与达成	明确学习任务目标和要求	10 分			
知识掌握程度	空调 AC 开关功能理解；鼓风机电路分析熟练度	20 分			
技能操作能力	更换汽车鼓风机；正确检测汽车鼓风机电路	30 分			
工作流程遵循度	遵循工作流程，自我检查	10 分			

评价维度	具体评价内容	分值标准	学生得分	教师评语及建议	企业导师评语及建议
资源利用效率	维修手册查阅、车辆及工具使用情况	5分			
实际应用能力	在模拟实际场景下的问题解决能力	10分			
团队协作与沟通	团队合作角色扮演及信息交流效果	5分			
记录与报告	过程记录详尽准确,工作页填写质量	5分			
自我反思与改进	针对问题深度思考,提出改进措施	5分			
安全规范遵守	操作过程中的安全意识与规范操作	10分			
企业实践对接	对企业环境适应性及企业标准遵循情况	5分			

教师签字:_____   日期:_____

学生自评: 我对自己的表现满意/有待提高的地方是 _____

学生签字:_____   日期:_____

企业导师签字:_____   日期:_____

注:根据学生的实际表现,在"学生得分"栏填入对应项目的具体得分;教师和企业导师在"评语及建议"栏提供具体的点评以及改进建议。

参考文献

［1］林文工. 汽车发动机电器维修工作页[M]. 北京：人民交通出版社，2007.

［2］张茂国. 汽车电气设备构造与维修[M]. 北京：人民交通出版社，2004.

［3］周建平. 汽车电气设备构造与维修[M]. 北京：人民交通出版社，2011.

［4］窦宏，陈浩. 汽车电器理实一体化教材[M]. 北京：人民交通出版社，2011.

［5］中国汽车维修行业协会. 汽车电气常见维修项目实训教材[M]. 北京：人民交通出版社，2009.

［6］麻友良. 汽车电气系统原理与电路分析[M]. 北京：机械工业出版社，2022.

［7］宋作军. 汽车构造与电气系统[M]. 北京：机械工业出版社，2022.

［8］张少洪，王晓，韩卫国. 汽车电气系统检修[M]. 北京：机械工业出版社，2020

［9］李文雄，陈健健. 汽车电气维修理实一体化教材[M]. 北京：机械工业出版社，2016